XINGSHI CUOAN CHANSHENG DE YUANYIN JI FANGFAN DUICE

刑事错案产生的原因及防范对策

——以81起刑事错案为样本的实证分析

唐亚南　著

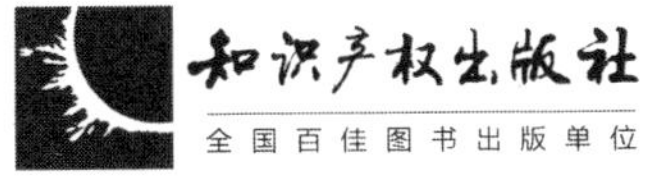

知识产权出版社
全国百佳图书出版单位

图书在版编目（CIP）数据

刑事错案产生的原因及防范对策：以81起刑事错案为样本的实证分析/唐亚南著. —北京：知识产权出版社，2016. 5

ISBN 978－7－5130－4172－0

Ⅰ. ①刑… Ⅱ. ①唐… Ⅲ. ①刑事诉讼—案例—中国 Ⅳ. ①D925. 205

中国版本图书馆CIP数据核字（2016）第095379号

内容提要

本书以1963年以来我国81起典型刑事错案为实证基点，将81起刑事错案的基本情况、法律事实、客观原因等诸多因素一一呈现，同时进行了分类统计。研究过程中坚持问题意识，由表及里地深入剖析造成每一起刑事错案的种种原因；由点及面、触类旁通，认真挖掘和仔细印证每一个原因对于其他诸多案件问题的辐射性和穿透性；努力追求实证性与理论性并重、继承性与创新性同辉，以期推动刑事错案研究达到一个新的高度。

责任编辑：崔开丽　李陵书　　**责任校对**：董志英

装帧设计：SUN工作室　　**责任出版**：刘译文

刑事错案产生的原因及防范对策

——以81起刑事错案为样本的实证分析

唐亚南　著

出版发行：知识产权出版社有限责任公司　网　址：http：//www. ipph. cn

社　址：北京市海淀区西外太平庄55号　邮　编：100081

责编电话：010－82000860转8377　责编邮箱：cui_kaili@sina. com

发行电话：010－82000860转8101/8102　发行传真：010－82000893/82005070/82000270

印　刷：北京嘉恒彩色印刷有限责任公司　经　销：各大网上书店、新华书店及相关专业书店

开　本：787mm×1092mm　1/16　印　张：12. 25

版　次：2016年5月第1版　印　次：2016年5月第1次印刷

字　数：170千字　定　价：45. 00元

ISBN 978-7-5130-4172-0

序　言
建立健全冤错案件防治机制

（一）

党的十八大以后，习近平总书记向全国司法机关提出了要努力让人民群众在每一个司法案件中都感受到公平正义的明确要求。可以说，面对近年来频繁出现的冤错案件，习总书记的重要指示对于我国司法工作具有重要的指导意义。回顾这些年被揭露的一系列冤错案件，虽然司法机关所作出的依法纠正在一定程度上反映了法治改革以来我国司法环境的改善和公正司法的逐步提升，但其在公众心理上所产生的对司法公正的负面影响更值得我们警惕和深思。毕竟公正是司法的底线，在每一个案件中贯彻司法公正原则是司法者不可僭越的底线。即便在全世界范围内冤错案件的出现都是不可避免的现实，但我们仍没有理由忽视导致我国冤错案件出现的主客观因素。以纠正这些冤错案件为契机，挖掘冤错案件的成因，站在解决制约司法公正和司法能力的高度上来探讨冤错案件的防治机制，是贯彻落实习总书记重要指示精神，深化现代法治理念教育，加强社会主义法治建设的现实要求。

造成冤错案件的成因何在？我曾经对20世纪90年代以后发生的20余起典型冤错案件进行系统梳理，以期探讨冤错案件发生的影响因素。分析表明，在这些典型冤错案件中，刑事诉讼的各个阶段都未能严格依照刑事诉讼法的有关规定执行。侦查阶段最突出的问题就是非法获取证据未能得到有效监督，口供中心主义的错误理念仍十分突出；公诉阶段的主要问题是不能恪守严格的证据审查标准，尤其是非法证据不能有效排除；审判阶段的主要问题是降低定罪标准，放松对证据链条的要求，实行疑罪从轻而非疑罪从无的裁判原则。以典型冤错案件分析为基础，我认为既往我国司法实务中冤错案件的形成具有三个方面的宏观因素：一是人为因素，主要是司法理念上的有罪推定和疑罪从轻；二是制度因素，即公检法机关协作办案和控辩力量的失衡；三是政治因素，即维稳思维和法律工具观。今天，虽然我国刑事法律体系已经较为完备，但是受传统观念的影响和一些政治因素的干扰，公安司法人员在处理案件的过程中仍未能严格执行刑事诉讼法的基本原则和具体规定，使制度上的瑕疵被进一步放大，为冤错案件的形成提供了现实空间。因此，冤错案件的防治，必须坚持以贯彻现代刑事司法理念为先导，以制度完善（尤其是监督机制）为核心的改革思路。

怎样贯彻现代刑事司法理念？近年来，我国政法机关注重社会主义法治理念的学习和宣传，这对于提高司法者的职业素养具有重要的现实意义。有什么样的观念，就会自觉不自觉地支配实施什么样的行为。在我看来，防范冤错案件，也应当首先强调树立理性的现代刑事法治理念，消除现阶段有罪推定、疑罪从轻、个案协调和司法工具主义等非法治思维的影响。具体而言：一是要贯彻无罪推定原则。即除了要在法律上明确规定不能强迫犯罪嫌疑人自证其罪，要尊重其沉默的权利，以及法院独家定罪权以外，还应当建立相应的保障监督机制，加强犯罪嫌疑人、被告人的辩护权之保障，完善侦辩对抗、控辩平衡等制度建设。二要恪守疑罪从无原则。要求司法者在面对疑罪案件时，既不能从轻处理，也不能超期羁押、久拖不决，而应该按照法律规定宣判无罪。司法实践中存在的疑罪从轻处理，实质上是肆意降低法定的证据标准和定罪标准，是对法律原则的公然违背。三要坚守审判中立原则。要求审判机关强化中立意识，还要避免其他机关对审判工作造成干扰，尤其是在大案要案中，要改变传统的维稳思维模式，通过法治途径来约束权力的不当行使以确保社会稳定和国家的长治久安，而非以不当的个案介入来实现短暂的稳定。四要深化法治权威意识。法治权威的塑造，是把刑事法律作为认定犯罪、追究犯罪和惩治犯罪的唯一依据，通过依法追究犯罪来树立法律和法治的威信，从而确保社会稳定和公众对法治的信心。因此，法治权威意识的培养过程，必然是严格执行法律、避免肆意行使权力的过程。若能如此，则冤错案件的产生空间将受到极大的压制。

怎样建立冤错案件的防范机制？如上所述，冤错案件得以产生，往往源于侦查机关非法的证据收集，公诉机关证据审查职责的放弃，以及审判机关审判中立地位的缺失。因此，冤错案件的防范，应当坚持以严控侦查活动为基础，以审查起诉环节为支撑，以审判环节为重点的思路。首先，刑事侦查阶段对冤错案件的防范是根本性的。对此，一方面需要完善和保障律师的权利，主要包括侦查阶段的调查取证权和讯问期间的律师在场权；另一方面需要改革现行的侦控阶段羁押模式，从制度上平衡侦辩双方的力量对比。其次，审查起诉阶段对证据内容和链条完整性的审查，对于冤错案件的防范是最为关键的。为此，既要核实案件疑点，确保证据链条的完整性；也要排除非法证据，确保证据材料的合法性与有效性。最后，审判阶段的严格防范是避免产生冤错案件的最后一道防线。如果审判机关不能把好刑事案件审理的最后一关，那么冤错案件就会由此形成。因此，为避免产生冤错案件，审判机关必须做到确保证据链条不缺失，坚持定罪标准不放松，恪守疑罪从无不动摇。

关于冤错案件的救济机制。将避免冤错案件视为法治领域的全球性难题毫不为过。因此，我国一直在努力建构完善、健全的刑事司法体系，其中尤其需要建立有效的冤错案件救济机制。在我看来，冤错案件的救济机制，主要包括两大内容：一是冤错案件的发现机制；二是冤错案件的纠正机制。就其发现机制而言，一方面要完善冤错案件的审查标准，即要区分刑事诉讼再审程序的启动标准和改判标准，从而使那些事实不清、证据具有明显疑点的案件能够顺利进入再审程序，以便及时发现冤错案件；另一方面要完善冤错案件的审查程序，最重要的就是使申诉权具有完整的诉权性质，这样既可以充分保障申诉人的合法权益，也有助于避免出现无休止的上访、缠诉和滥诉等非正常情形。就其纠正机制而言，要建立严肃而科学的错案追究机制和完善的错案赔偿机制。对于前者，首先要依法严格区分罪与非罪、故意犯罪与过失犯罪等的原则界限；其次要合理区分责任的性质和程度，要避免只追究法官责任以及其他直接办案人员责任的不合理现象，根据不同案件的实际情况完善领导人责任、集体责任等不同的责任追究类型。对于后者，主要涉及精神损害赔偿的完善问题，对此应该从侵权行为的方式、后果以及蒙冤者所在地的生活水平等全面考虑，以充分保障蒙冤方的合法权益。

虽然冤错案件在所有刑事案件中所占的比例可以说是少而又少，但不能因此而忽略了其对当事人权利的严重侵犯和对我国司法权威的巨大伤害，更不能在防范冤错案件上心存冷漠和懈怠，而应该予以高度重视，积极建立完善的冤错案件防治机制，切实保障公民的合法权利。可以说，这是当代刑事司法制度充分保障人权的必然要求，也是法治中国之现代刑事法治科学、文明发展的必由之路。

（二）

以上是之前我就冤错案件防治问题撰写的一篇短文，现在略作修改作为唐亚南博士所著《刑事错案产生的原因及防范对策——以 81 起刑事错案为样本的实证分析》一书的序言，并以此浅见与本书作者和读者朋友们就刑事冤错案件之成因及防范对策问题切磋交流。

唐亚南博士长期先后在地方司法机关和最高司法机关工作，对现实刑事法治的热点和疑难问题有着浓厚的研究兴趣及强烈的研究责任感。她的博士论文《量刑方法类型化研究》于 2014 年 9 月荣获中国刑法学研究会评选的第二届“全国刑法学优秀博士学位论文”二等奖。她这次撰著的《刑事错案产生的原因及防范对策——以81起刑事错案为样本的实证分析》一书，以近年来受到广泛关注的我国刑事错案问题为研究课题，通过系统梳理其所搜集的近年来在全国有较大影响的81起典型刑事错案，以实证分析的方法探讨刑事错案产生的多方面的原因，并在此基础上寻求和探索刑事错案的防范对策，其理论价值和实践意义显而易见。

祝贺唐亚南博士在研究法治实践问题上所取得的新成就！也希望借其这本专著出版之机，呼吁我国司法机关乃至社会各界要高度重视刑事冤错案件的防范与纠正问题，法学界则要把刑事冤错案件的防治作为一个重要领域长期关注和深入研究。

是为序。

赵秉志　谨识

2016年3月于北京师范大学刑事法律科学研究院

前　言

英国的哲学家和法学家弗朗西斯·培根说过："一次不公正的司法判决，比十次犯罪祸害尤烈，因为犯罪不过弄脏了水流，而不公正的司法判决败坏了水的源头。"因此，司法腐败是致命性的腐败，即使是局部的腐败，也是对正义源头的玷污，如果不及时矫正和防范，人们就会由信任诉讼，敬畏司法，转变为对司法的否定，乃至对整个法治的失望，这将足以动摇法治的根基，因此，研究刑事错案的防范刻不容缓。

刑事错案是制度的产物，同时又是认识规律、司法运行规律的反映；在这点上，古今、中外亦然，这为我们提供了一个反向思维的空间。刑事错案确实会导致权利的侵害、法律的践踏、正义的减损；但是，它同样使人们对司法保持警惕与警醒，为改良司法提供了一种契机和动力。对于时下的刑事错案如佘祥林案、赵新建案等而言，都是业已发生的人间悲剧；但换个角度说，它也意味着司法改良或机制创新的一次难得机会。事实上，刑事错案不仅仅是一个理论问题，更是一个实务问题。

本书通过简要梳理全国具有影响的81起典型刑事错案，以每一起典型刑事错案为实证基点，并将每一起刑事错案的基本情况、法律事实、客观原因等诸多因素一一呈现，同时进行了分类统计。研究过程中坚持问题意识，由表及里地深入剖析造成每一起刑事错案的种种原因；由点及面，触类旁通，认真挖掘和仔细印证每一个原因对于其他诸多案件问题的辐射性和穿透性；努力追求实证性与理论性并重、继承性与创新性同辉的学术品格，期待促进人权司法保障的理念日益深入人心，人权司法保障的制度更加健全完善，人权司法保障的能力水平切实增强。

需要说明的是，本书中的 81 起刑事错案图标的表达，并不代表我国全部刑事错案的准确现状，因为它并没有穷尽我国的刑事错案，只是我国刑事错案的一部分；并且图标里的区域、性别、职业等所占的百分比仅指占 81 起刑事错案的百分比，并不是占我国全部刑事错案的百分比。但这些并不影响本书的价值，本书的价值在于，81 起刑事错案司法样态的呈现，是我国刑事错案现状的一个缩影，一个概括的模式。抛砖引玉，希望我所做的这些基础工作能为其他优秀研究者节省一点时间，使其有更多的精力攻坚克难，研究出更为完善的司法保障制度。不过，在这 81 起刑事错案中，笔者虽然费尽千辛万苦一再核实，由于本人水平和能力有限，时间仓促，难免有不准确、不妥当之处，还望读者见谅；同时欢迎广大读者多提宝贵意见。

目　录

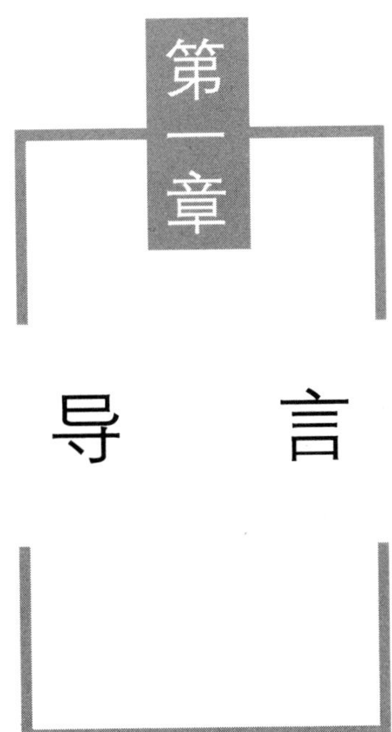

第一章 导言

一、中央对防范刑事错案问题高度重视

近年来，随着媒体先后曝光浙江张氏叔侄强奸案、赵作海杀人案再呼格吉勒图案等刑事错案，社会各界呼吁防范刑事错案、加强司法公正的声音再度高涨；我国的刑事错案一次又一次地成为社会关注的焦点，这些都严重影响到了司法公信力。习近平总书记专门作出重要批示，要求坚守防止冤假错案底线。党的十八届三中全会《中共中央关于全面深化改革若干重大问题的决定》，提出要完善人权司法保障制度，健全错案防止、纠正、责任追究制度。党的十八届四中全会《中共中央关于全面推进依法治国若干重大问题的决定》对加强人权司法保障、健全冤假错案有效防范、及时纠正机制，作出了更加具体化、系统化的制度规定，如“优化司法职权配置，健全公安机关、检察机关、审判机关、司法行政机关各司其职，侦查权、检察权、审判权、执行权相互配合、相互制约的体制机制”；“推进以审判为中心的诉讼制度改革，确保侦查、审查起诉的案件事实证据经得起法律的检验，全面贯彻证据裁判规则，严格依法收集、固定、保存、审查、运用证据，完善证人、鉴定人出庭制度，保证庭审在查明事实、认定证据、保护诉权、公正裁判中发挥决定性作用”；“实行办案质量终身负责制和错案责任倒查问责制，确保案件处理经得起法律和历史检验”等。毫无疑问，这些改革举措对有效防范冤错案件发生，确保司法公正，必将起到根本的推动和保障作用。

2013 年 7 月，中央政法委员会（简称中央政法委）为了防范刑事错案的发生，下发《关于切实防止冤假错案的规定》，对执法司法工作提出了更加严格的规范、更加具体的要求。2013 年 9 月 6 日，最高人民检察院下发《关于切实履行检察职能防止和纠正冤假错案的若干意见》强调：注重证据的综合审查和运用，对于其中可能判处死刑的案件，必须坚持最严格的证据标准。2013 年 11 月 12 日，党的十八届三中全会通过的《中共中央关于全面深化改革若干重大问题的决定》也提出要健全错

案防止机制。为贯彻落实这些规定的精神和要求，有效防范刑事错案，2013 年 11 月 21 日，最高人民法院对外发布《关于建立健全防范刑事冤假错案工作机制的意见》强调：严格执行法定证明标准，强化证据审查机制，保障无罪的人不受刑事追究。

党的十八大以来，我国加速了纠正冤错案件的步伐。仅 2014 年，各地法院就相继纠正了十余起重大刑事错案，包括河南的杨波涛强奸杀人案（2014 年 2 月 12 日被取保候审，关押 10 年），贵州张光祥抢劫案（2014 年 4 月 29 日宣告无罪，关押 8 年），高如举、谢石勇抢劫杀人案（2014 年 7 月 25 日被取保候审，关押 10 年），福建念斌投毒案（2014 年 8 月 22 日宣告无罪，关押 8 年），广东徐辉强奸杀人案（2014 年 9 月 15 日宣告无罪，关押 14 年），海南黄家光故意杀人案（2014 年 9 月 29 日宣告无罪，关押 14 年），内蒙古呼格吉勒图强奸杀人案（2014 年 12 月 15 日宣告无罪，1996 年 6 月 10 日已被执行死刑）等。特别是 2014 年纠正的呼格吉勒图案引发了媒体和社会的强烈关注和广泛讨论。

二、研究刑事错案的意义

刑事司法的目的在于打击犯罪，维护社会秩序和保护人权，保障无罪的人不受刑事追究；打击与保护必须并重，如果失之偏颇，就会背离刑事司法的目标。强调保护忽视对犯罪的打击，将不利于社会秩序的维护；强调打击忽视保护，就有可能产生刑事错案，司法就会失去公信力和权威。如何预防和减少刑事错案的发生是一个十分重要的问题，也一直是刑事司法理论与实践界的难题之一。因此，研究刑事错案具有下列意义。

（一）有助于树立科学的司法理念

实践表明，错误的司法理念和司法观念，是导致刑事错案的深层次原因。只有彻底纠正那些不符合法治精神的错误观念和做法，才能消除刑事错案再次发生的现实危险。人民法院应坚持刑事诉讼的基本原则，树立科学的司法理念，促使人民法院和刑事法官从观念上牢固树立防范刑事错案的思想防线。

（二）有助于完善审判工作机制

从目前发现的刑事错案看，许多案件都存在违反法定诉讼程序和审判制度要求的情形。只有严格执行《关于办理死刑案件审查判断证据若干问题的规定》和《关于办理刑事案件排除非法证据若干问题的规定》（以下简称“两个证据规定”）和相关的审判制度，才能从根本上避免刑事错案发生。人民法院应强化证据审查机制，强化案件审理机制，完善审核监督机制，建立健全制约机制，从审判工作的各个方面明确要求、确定标准，为人民法院和刑事法官严格依法办案提供明确、具体的依据和指导，从根本上提高办案质量。

（三）有助于发挥各方职能作用

防范刑事错案是一项系统工程，取决于侦查、起诉和审判各个阶段、各个环节，仅靠人民法院自身是不够的。只有依靠诉讼程序各个阶段、各个环节和各方力量，建立健全制约机制，才能有效防范刑事错案发生。在侦查阶段，应严格按照《刑事诉讼法》* 第160条规定，公安机关侦查终结的案件，应当做到犯罪事实清楚，证据确实、充分，并且写出起诉意见书，连同案卷材料、证据一并移送同级人民检察院审查决定；同时将案件移送情况告知犯罪嫌疑人及其辩护律师。在起诉阶段，要确保被告人的诉讼权利，案件移送检察院审查起诉之日起，被告人可以聘请律师提供辩护。在审查起诉阶段，除特殊案件外，一般情况下，辩护律师会见犯罪嫌疑人无须经过检察机关批准，可以随时会见。在案件审判阶段，既要重视发挥诉讼程序内部辩护律师的职能作用，重视保障被告人的辩护权，也要坚持司法的群众路线，依靠人大代表、政协委员和广大群众的力量、智慧。

---

* 注：本书提及的《刑事诉讼法》为2012年修正的《中华人民共和国刑事诉讼法》。

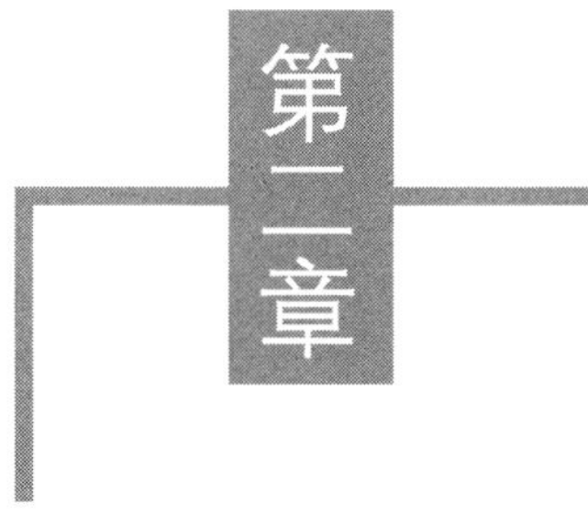

刑事错案的概述

错案，在《汉语大词典》中解释为“错误的处理案件”，指的是审判机关对案件的实体处理结果出现错误。《布莱克法律词典》对错案或误判的解释是：“在刑事诉讼中，尽管缺乏关于犯罪要件的证据，被告人却被定罪这样一种极不公正的结果。”在美国，刑事错案是指无辜者被定罪，即错判的案件。有罪者被错误开释即错放的案件不属于错案的范畴。特别是1992年“无辜者运动”发起以来，美国司法界一直不遗余力地纠正错案是指无辜者被错误定罪的冤案。错案因考量的角度不同而会有所不同，不同语境下亦可能有不同解释。例如，按案件处在刑事诉讼的不同阶段，公、检、法、监狱部门可将错案各自定义为错拘、错捕、错羁、错放、错诉、错判及错执；按审判人员过错的类型，可分为故意、重大过失及一般过失而导致的错案。学术研究中所称的错案，则可能包括无过错但理解和认识上出现偏差的情形；按错误的具体内容，可分为事实认定的错误、法律适用的错误、实体处理的错误及法律程序上的错误。即便仅限于审判环节考量，何种性质、何种程度上的错误才应归为错案？量刑被二审改判的案件是否属于错案？不得公开审理而被公开审理、剥夺被告人回避申请权但实体处理无误等程序有误的案件是否也属于错案？这一系列具体问题的提出，无疑也给错案的界定提出了难题。

第一节 | 刑事错案概念的界定

在我国，不同的主体对刑事错案采取不同的表述。中央政法委、最高人民法院、最高人民检察院、公安部的指导意见中均表述为“冤假错案”；学界关于此问题的研究大多采用“刑事错案”“冤案”“误判”的表述；还有人将其表述为“刑事司法错误”。“刑事司法错误”被国外的研究者广泛使用。美国学者布莱恩·福斯特教授将司法错误定义为：“一般而言，司法错误就是指法律的解释、实施程序或执行过程中出现的各种错误；通常情况下，导致无辜者被定罪的违反正当程序的错误就是典型的司法错误。刑事司法错误分为两类：一类是未能将犯罪行为人绳之以法的错误，即放纵犯罪错误；另一类是对无辜者增加诉讼成本以及对犯罪嫌疑人增加额外诉讼成本的错误，即正当程序错误。”可见，以上对刑事司法错误的界定外延十分广泛，即无论是放纵犯罪还是冤枉无辜，或者是对犯罪嫌疑人增加诉讼成本，均属于刑事司法错误。这种错误大致包括三类：一是程序违法行为；二是对案件事实错误认定行为；三是错误适用法律行为。从对刑事司法错误的界定来看，其外延比一般意义上的刑事错案更为广泛，几乎涵盖了刑事诉讼活动中的所有错误。

刑事司法错误、刑事错案、刑事冤案的相互关系为：刑事司法错误的外延最广，既包括实体性错误，也包括程序性错误；既包括结果性错误，也包括过程性错误。刑事错案的外延是指案件最终处理结果上的错误，即生效判决出现的错误，包括有利于被告人的错误和不利于被告人的错误，表现为事实认定错误和法律适用错误。刑事冤案的外延最小，广义的刑事冤案包括事实意义上的冤案和法律意义上的冤案；而狭义的刑事冤案，仅指事实上无罪的人被法院最终判决有罪的案件，即无辜者被错误定罪。刑事司法错误、刑事错案、刑事冤案三者的外延依次为递减的关系。从刑事错案、刑事冤案的关系分析，刑事错案包括刑事冤案，但不限于刑事冤案，刑事冤案仅为刑事错案的一部分。

一、理论界对刑事错案的概念之争

在刑事错案的法律概念上，至今为止，学界仍是众说纷纭，没有一个统一的答案。归纳起来，学界大致有以下不同的学说观点。

（一）客观标准说

客观标准说也被称为“实体说”，这种理论认为错案标准是指公安机关、人民检察院、人民法院以及监狱管理机关违法行使职权，在认定事实、适用法律上确有错误的案件。这一观点明确了客观实体性错误可以导致刑事错案的发生，主张错案的认定应当选择客观化的、外在化的标准，如一审判决是否为二审所改判、二审判决是否为再审所纠正等。这种观点强调以案件的处理结果来判断某一刑事案件是否属于错案。而对严重违反程序，严重侵犯他人合法权益的案件却没有涵盖在错案之内。客观说又可细分为两种不同的观点：“一种是‘诉讼结果说’，即认为司法机关最终作无罪处理的即为错案。从这种观点出发，判断一个案件是否为错案，关键要看案件的处理结果对案件事实的认定是否与客观事实相符，若是相符即不是错案，否则便是错案。另一种观点是‘刑事赔偿标准说’，即认为司法机关最终进行刑事赔偿的案件为错案。”就上述两种观点来看，其中的“诉讼结果说”虽然比较容易把握，但在司法实践中是缺乏足够合理性的。有专家指出，因为案件事实对于司法人员来说都是无法亲历、无法直接感知的发生在过去的事件，犹如水中之月、镜中之花、海市蜃楼一般。司法人员既不是上帝也不是神仙，无法全知全觉，也无法穿越时空隧道，而只能通过有限甚至短缺的证据去认识案件事实。所以，人们的认识力求尽可能地接近客观真实，而不能保证通过证据所认识的案件事实与客观真实完全一致。更何况一件刑事案件通常是由公、法、检等各个部门分阶段来完成的，立法对不同的部门在不同的诉讼阶段规定了不同的诉讼任务和证明标准。如果只用后一诉讼阶段的处理结果衡量前一诉讼阶段，很难说这样的评价是正确的。所以，“诉讼结果说”是刑事司法活动所追求的理想状态，但要成为认定错案的标准，则缺乏操作性，且从合理性方面看也是欠妥的。“刑事赔偿标准说”存在的问题更多、更难站住脚。因为刑事赔偿属于国家赔偿的范畴，其范围受一个国家经济发展水平、对公民权利的态度、立法规定等多种因素的影响，其赔偿范围大小，与这里所说的错案并无必然联系。从我国2010年4月29日，全国人民代表大会常务委员会第十四次会议通过的第一次修正《中华人民共和国国家赔偿法》（以下称《国家赔偿法》）可以发现，我国的刑事赔偿的范围包括最终没有追究刑事责任的拘留、逮捕、错判案件，以及“使用暴力和违法使用武器、警械造成公民伤亡的”案件和“违法查封、扣押、冻结、追缴财产以及法院错判罚金、没收财产”等案件的赔偿；而且出于我国对受害人的保护，2010年新修正的《国家赔偿法》规定的国家赔偿责任的归责原则不再采用违法归责原则。故很显然，“错案并非都要赔偿，赔偿的案件也并非都是错案，二者之间是一种交叉关系，而非等同关系”。[1]

还有论者认为，错案是指在认定事实上或者在适用法律上确有错误，必须按照审判监督程序改判的案件。具体理由是人民法院生效判决、裁定，应具有严肃性、权威性和稳定性，对其改判、重审或变更特别慎重，在事实认定或法律适用上确有错误的案件，只能按照审判监督程序予以改判的标准来界定错案。[2] 总而言之，这一标准主要以案件的实体结果是否存在错误为标准，包括刑事裁判的结果错误和适用刑事法律的错误。由于我国现行的错案追究制也确立了类似的标准，所以一般认为这一标准有其立法的基础，在我国学界也得到了大部分学者的认同与支持。

（二）主观标准说

“主观说”也称为“实质说”，这种观点认为，在刑事诉讼的立案、起诉、审理和执行过程中，司法人员故意或过失违反程序法或实体法规定，都属于错案，也就是说只要司法人员主观上存在过错，即使案件处

---

[1] 刘志远：“刑事错案与刑事赔偿”，载《人民检察》2006年9月（下），第20页。

[2] 金汉标：“‘错案’的界定”，载《法学》1997年第9期，第56页。

理结果与事实相符也应当认定为错案；这种观点认为，认定刑事错案的关键在于确定司法人员主观上有没有过错。这种观点更加重视对司法人员的行为监控而非案件的处理结果。[1] 可以说，司法人员作为办案主体，他们行为的正当性与合法性肯定是影响案件能否得以正确处理的一个重要方面。但是能否以办案人员的主观方面作为判断案件为错案的标准是值得商榷的。因为按照我国实事求是的刑事政策，对具体案件进行处理时，不但要保证办案人员主观上没有故意或重大过失，而且要保证在一定的范围内对案件的处理结果必须与客观真实相符。而按照“主观说”，只论司法人员的主观过错，而完全忽视案件实体裁判结果的正误，则与这一刑事政策的要求相悖。更何况，主观过错具有隐蔽性，主观上的过错认定在司法实践中是极为困难且缺乏可操作性的，尽管从理念上而言能够实现对于司法人员主观过错的惩罚，但是如何区分司法人员的过错心态是故意造成刑事错案还是意外造成刑事错案在司法实践中是十分困难的，尤其是证据的收集难度较大，所以采纳此说尽管形式上合理，但缺乏可操作性，故这种观点难以成立。同时，这一刑事错案的标准较之于前一标准更为宽泛，给司法人员留出出错的余地也更大。

（三）综合标准说

鉴于客观说与主观说各自都存有一定的问题，便出现了综合标准说，或者说主客观标准说，该学说认为，在刑事错案的认定标准上，应当坚持主客观相统一的观点，既要求客观上错案发生的现实性，也要求主观上存在着故意或者说过失的心态，全面考察司法人员办理案件的过程及结果是否违反法律规定，是否侵犯了当事人的合法权益，案件承办人是否具有主观故意或重大过失。[2] 如有的学者认为，办案人员出于故

---

[1] 王乐龙：“刑事错案概念再分析”，载《法治论丛》2009 年 3 月第 24 卷第 2 期，第 27 页。

[2] 王乐龙：“刑事错案概念再分析”，载《法治论丛》2009 年 3 月第 24 卷第 2 期，第 27 页。

意或重大过失造成在事实和法律上出现错误案件的属于违法行为，[1] 此种观点是较为纯粹的综合标准说。还有学者将主客观标准与错案责任追究制结合起来，认为，错案是指审判人员在立案、审理、执行案件过程中，故意或过失违反程序法或实体法，导致处理结果错误并依法应当追究责任的案件。[2] 这种观点从不同角度进一步将错案与错案责任的标准相综合，进而认为构成错案不仅仅需要综合主观过错与客观上的案件实体认识错误结果，同时还需要满足错案责任追究的标准，方能构成刑事错案；但是此种观点有逻辑上的“循环论证”错误的嫌疑，实际上并不可取。

（四）三重标准说

近年来，为了调和主观说、客观说、综合标准说在认定刑事错案方面存在的问题，又有学者提出了“三重标准说”，这种观点根据刑事案件证明标准呈现出的层次性特点，将认定错案的标准分为错案纠正、错案赔偿、错案追究三种。具体来说，“错案纠正”是以启动再审为错案标准；“错案赔偿”是以国家作出刑事赔偿为判断错案的标准；“错案追究”则以办案人员有违反法律法规的行为为判断错案的前提。这种观点能够较好地处理不同情形下判定错案的需要，但它不能作为认定错案的一般标准，一定程度上不符合错案的多样性和阶段性的特征。针对这一标准，有学者提出质疑，认为，“三重标准说”只是将错案分了类，且其在赔偿、纠正和追究三种不同的语境下对错案认定标准进行研究，会使错案认定标准复杂化，容易引发混乱；且错案这种具有自身独特含义的现象，应该在同一语境下进行研究才是。

综上所述，“客观说”强调处理结果有误；“主观说”强调办案人员

---

[1] 杨文杰、李吴：“论错案行为及其监督”，载《宝鸡文理学院学报》（社科版）1999年2月，第55页。

[2] 于伟：“错案标准的界定”，载《法学》1997年第9期，第52页。

主观上有过错；“主客观统一说”认为错案是前二者的混合原因；“三重标准说”则以案件是否经错案纠正、错案赔偿和错案追究三重标准来界定。[1] 从立法规定或司法实践上看，至今未发现对刑事错案作出的明确定义，较为接近的仅有最高人民检察院于 1998 年 7 月 17 日发布的《人民检察院错案责任追究条例（试行）》对“错案”所作界定，但其中的“错案”并非仅指刑事案件。[2]

二、司法实践对刑事错案的界定

对于刑事错案的关注，从我国古代就已经开始了。早在西周时期，就已经有对法官错误定罪的处罚规定，如《尚书·吕刑》中就有记载：“五罚不服，正于五过。”也就是说，如果是无辜的人，应当予以释放，否则就应追究法官的责任。这里所说的“五过”就是指：“惟官、惟反、惟内、惟货、惟来。”无论是五过中哪一种，只要造成了他人罪有出入，法官就应当以出入之罪而罪之。这也是我国最早刑事错案责任追究的文字记载。可以看出，从此时我国就基本开始采纳以客观标准说为主的刑事错案标准。

新中国成立后，刑事错案的法律标准很大程度上受到传统观念影响，很多时候把刑事错案与“冤假错案”相等同。如 2004 年 3 月最高人民检察院对七起改判为无罪的典型案件的通报。通报中，将黑龙江省杨方忠故意杀人案，海南省黄亚全、黄圣玉抢劫案，广西壮族自治区草俊虎、兰永奎抢劫、故意杀人案称为冤案，因真正犯罪人另有其人；将甘肃省出租车司机荆爱国运输毒品案称为假案，因属侦查人员为破案而设置圈套、故意陷害所致；将辽宁省李化伟故意杀人案，重庆市童立民

---

[1] 余光升、邱振华：“刑事错案的认定与责任追究”，载《法制与经济》2009 年 12 月总第 225 期，第 42 页。

[2] 该条例第 2 条规定：本条例所称错案是指检察官在行使职权、办理案件中故意或重大过失造成认定事实或者适用法律确有错误的案件，或者在办理案件中违反法定诉讼程序而造成处理错误的案件。

故意杀人案，云南省孙万刚故意杀人案称为错案，因这三起案件是由于证据不足改判无罪。这充分说明我国以往的刑事错案仅仅是指因证据问题而导致的无罪认定的案件。

目前，从我国法律规定来看，我国现行的法律法规并没有关于“刑事错案”的规定，但是对“错案”一词进行了规定。而在程序法中，我国《刑事诉讼法》实际上已经肯定了客观标准说的观点，第243条规定，各级人民法院院长对本院已经发生法律效力的判决和裁定，如果发现在认定事实上或者在适用法律上确有错误，必须提交审判委员会处理。最高人民法院对各级人民法院已经发生法律效力的判决和裁定，上级人民法院对下级人民法院已经发生法律效力的判决和裁定，如果发现确有错误，有权提审或者指令下级人民法院再审。最高人民检察院对各级人民法院已经发生法律效力的判决和裁定，上级人民检察院对下级人民法院已经发生法律效力的判决和裁定，如果发现确有错误，有权按照审判监督程序向同级人民法院提出抗诉。人民检察院抗诉的案件，接受抗诉的人民法院应当组成合议庭重新审理，对于原判决事实不清楚或者证据不足的，可以指令下级人民法院再审。在审判阶段认定错案的标准实际上就是客观上发生了裁判错误的结果，由此可见，我国立法规定仍然是客观标准说。[1]

这一标准的确立与我国刑事诉讼过于重视和追求“客观真实”而非“法律真实”的刑事诉讼理念是分不开的。由于在我国的法学界，一直有着客观真实的诉讼证明观与法律真实的诉讼证明观的争论，其中，客观真实说认为，司法机关认定的事实应是原发的案件事实，主张司法机关办理一切案件，都只能以客观事实作为唯一根据，而且这个事实根据必须是绝对真实可靠，完全符合案件的客观真相。法律真实说认为，司法机关认定的事实不一定是原发的案件事实，而是法律上的真实，主张在法定范围内有充分的证据所支持的事实即法律事实。尽管法律事实可

---

[1] 和蕾：“刑事错案的判断标准”，载《中国论文网》2012年3月9日。

能与客观事实近似，但并不总是相等，甚至总是不能重合。[1] 苏联的绝对职权主义模式可谓坚持了客观真实的程序观，也就是在刑事诉讼过程中应当尽可能地去追求案件的真实情况，尽可能地发挥主观能动性去收集一切与本案相关的证据。绝对职权主义的诉讼模式实际上漠视对于刑事诉讼程序的基本尊重，并且妨碍了形式法治的基本追求，“实际上简单地列出这样的等式：职权主义 = 实质真实（实体公正）；当事人主义 = 形式真实（形式公正）”。[2] 我国实际上受职权主义模式的影响较大，原因在于在新中国成立初期，由于对于社会主义的法治建设缺乏经验，所以我们基本上学习了苏联的诉讼模式与诉讼结构。[3] 此种模式实际上要求对案件认知结果的唯一性，超出唯一性的认识就被视为是错案。这种观点实际上就是将哲学上的认识论带入了刑事诉讼中：客观世界的存在具有客观性与必然性，并且是为人类所认知的，而刑事案件在发生后作为一种客观性的存在，人类自然需要通过把握与调查证据，寻找到刑事案件发生时的客观真相，并最终将这种真相在法庭中予以确认，从而将刑事案件予以重现，此时就是正确的判决。相反，如果不能重现，不能实现案件复原的唯一性，就会发生错误的判决，那么就等同于错案。因此，在选择客观真实还是法律真实的问题上，我国刑事司法的实践实际上选择了客观真实的刑事诉讼观。

三、法律、规范性文件对刑事错案的界定

从刑事诉讼法等相关法律来看，应区分审判监督程序、国家赔偿以及错案责任追究等不同层面的刑事错案。

---

[1] 李奋飞：“对客观真实观的几点批判”，载《政法论坛》2006 年第 3 期，第 38 页。

[2] 张卫平：“绝对职权主义模式的理性认识”，载《现代法学》1996 年第 4 期，第 64 页。

[3] 张松美：“析民事再审程序中的‘错案’标准”，载《河北法学》2001 年第 1 期，第 116 页。

（一）我国的再审程序仅致力于纠错

我国审判监督程序的启动体现了立法者对错案追究的态度。《刑事诉讼法》第242条规定，当事人及其法定代理人、近亲属的申诉符合下列情形之一的，人民法院应当重新审判：一是有新的证据证明原判决、裁定认定的事实确有错误，可能影响定罪量刑的；二是据以定罪量刑的证据不确实、不充分，依法应当予以排除，或者证明案件事实的主要证据之间存在矛盾的；三是原判决、裁定适用法律确有错误的；四是违反法律规定的诉讼程序，可能影响公正审判的；五是审判人员在审理该案件的时候，有贪污受贿，徇私舞弊，枉法裁判行为的。可见纳入了审判监督程序救济的刑事错案包含事实认定错误和法律适用错误，几乎涵盖了所有的刑事司法错误。对刑事错案如此广泛的定位，不仅分散了错案救济的资源，也忽视了对刑事错案救济的目的。[1] 美、德、法、日等国将刑事错案界定为无辜者被错误定罪的事实认定错误，而我国的刑事错案包括错判无辜和错放犯罪的事实认定错误以及法律适用错误，只要生效判决存在错误，均要通过审判监督程序加以纠正。

1. 有新的证据，原定罪证据有理由排除

据以定罪量刑的证据不确实、不充分，依法应当予以排除，或者证明案件事实的主要证据之间存在矛盾。有新的证据证明原判决、裁定认定的事实确有错误，可能影响定罪量刑。我国在实事求是、有错必纠的理念下并未有区分有利于被告人和不利于被告人的错误。从《刑事诉讼法》第242条可以看出，我国的再审程序是为了纠正事实认定错误、法律适用错误、程序错误以及审判人员徇私枉法行为，仅仅致力于纠错，而忽视了再审价值的构建。如果将再审定位于纠错的立法背景下，显然也就没有必要明确“再审有利于被告人”的理念；但是再审程序存在的

---

[1] 樊崇义：《刑事错案的防范标准》，中国政法大学出版社2015年版，第8页。

合理性包含了对被告人利益的保障。具体来说，在刑事错案纠正方面，对有利于被告人的刑事错案的纠正应该采取客观标准，即有错必纠；而对于不利于被告人的刑事错案的纠正，从当今世界刑事再审程序的通行规定和人权保障的世界潮流来看，应该根据一事不再理原则和既判力理论进行严格的限制，即对于这样的刑事错案，如果裁判认定的事实正确、真实，原则上不予纠正。

2. **原判决、裁定适用法律错误，程序违法**

违反法律规定的诉讼程序，可能影响公正审判。审判人员在审理该案件时，有贪污受贿、徇私舞弊、枉法裁判行为。[1] 错判无辜的冤案一旦通过审判监督程序得以纠正，就面临着国家赔偿问题，但国家刑事赔偿的范围不限于冤案。根据国家赔偿法规定，刑事赔偿包括侵犯人身权利和侵犯财产权利的赔偿。侵犯人身权利的赔偿包括：错误的拘留，采取逮捕措施后决定撤销案件、不起诉或者判决宣告无罪终止追究刑事责任的；以及按照审判监督程序再审改判无罪，原判刑罚已执行的。侵犯财产权的赔偿包括错误扣押财产的案件。据此，依照审判监督程序再审改判无罪，原判刑罚已执行的情形属于对冤案的国家赔偿内容。[2]

（二）责任追究意义上的错案

中央政法委《关于切实防止冤假错案的规定》，要求法官、检察官、人民警察在职责范围内对办案质量实行终审负责制，建立健全冤假错案的责任追究制。最高人民法院《关于建立健全防范刑事冤假错案工作机制的意见》，强调要建立健全审判人员权责一致的办案责任制。审判人员依法履行职责，不受追究。审判人员办理案件违反审判工作纪律或徇私枉法的，应该依照有关审判工作纪律和法律的规定追究责任。以上规定仅强调建立健全冤假错案责任追究制，并未明确界定什么是冤假错

---

[1] 樊崇义：《刑事错案的防范标准》，中国政法大学出版社 2015 年版，第 8 页。
[2] 樊崇义：《刑事错案的防范标准》，中国政法大学出版社 2015 年版，第 9 页。

案。结合中央政法委指导意见出台的背景分析，冤假错案的责任追究机制重点针对的是冤案，对于法律适用错误、重罪轻判、轻罪重判以及有罪判无罪的并非是责任追究的重点。[1]

1998 年《人民检察院错案责任追究条例》第 2 条规定，刑事错案是指检察机关在行使职权、办理案件中故意或重大过失造成事实认定或适用法律确有错误的案件，或者在办理案件中违反法定程序而造成处理错误的案件。2007 年 9 月 26 日，最高人民检察院印发《检察人员执法过错责任追究条例》，条例所称的执法过错，是指检察人员在执法办案活动中故意违反法律和有关规定，或者工作严重不负责任，导致案件实体错误、程序违法以及其他严重后果或者恶劣影响的行为。从以上规范性法律文件对刑事错案的界定来看，责任追究意义上的刑事错案范围较大，不仅仅限于最终判决结果不利于被告人的错误。另外，并不是发生了刑事错案就一定追究办案人员的责任，如果办案人员依法履行职责，则不受追究。对于办案人员进行刑事错案追究的条件是：办案人员存在故意或重大过失行为。不过，发生无罪之人被错判有罪情况后，均需对其进行国家赔偿，但这并不意味着追究相关办案人员的责任。只有办案人员存在故意或重大违法违规行为时，才能进行责任追究。

四、本书对刑事错案的界定

本书为保持研究者的中立立场，采用“刑事错案”的表述。所谓刑事错案，是指在刑事诉讼中，司法人员故意或重大过失地违背了法律真实的要求，即在认定事实、适用法律确有错误或严重违反法定诉讼程序而造成错误的案件，是否有实体错误裁判结果的出现不影响错案的构成及认定。[2] 从研究对象上来看，应区分广义刑事错案和狭义刑事错案。广义刑事错案既包括过程性错误，也包括法院终审判决处理的错误。狭

---

[1] 樊崇义：《刑事错案的防范标准》，中国政法大学出版社 2015 年版，第 9 页。

[2] 苗生明：“错案的界定与防范”，载《中外法学》2015 年第 27 期，第 570 ~ 571 页。

义的刑事错案，是指最终的生效判决发生的错误。国内外刑事司法实践中的认定和纠正对象均是已生效的判决和裁定。结合我国的刑事立法，过程意义上的错误，如错拘、错捕等，仅具有绩效考评和认定国家赔偿功能。笔者主张从广义上界定刑事错案，也就是说，既包括过程性错误，也包括法院终审判决处理的错误。鉴于我国长期以来极低的无罪判决率以及重刑主义的传统，因此，从我国司法实践来看，刑事错案大多数属于不利于被告人的错误。[1]

本书为了研究的需要，重点研究刑事错案里的错判无辜的冤案，至于错放犯罪的情形不在本书的研究的范围之内。从严格意义上讲，错放犯罪并非错案，除了公安、司法人员故意为之，错放犯罪通常是由于证明被告人有罪证据不够充分，审判机关根据疑罪从无的原则而作出的有利于被告人的无罪判决，并非错案。[2] 刑事错案是指司法机关办案人员在刑事诉讼过程中对案件做出了与事实不符的认定或适用法律不当，从而影响了对犯罪嫌疑人、被告人罪责有无或大小认定的刑事案件。

第二节 | 国内外刑事错案研究现状

一、我国刑事错案研究现状

刑事错案是指依照法定程序被确认的，法院在刑事审判中认定事实或适用法律出现严重错误，严重侵害案件当事人的人身、财产等权益和社会秩序的判决或裁定。刑事错案包括两种类型：一是实质错案，即是确实存在认定事实或适用法律的错误；二是形式错案，即是以法律名义宣告的错案，是法律意义上的错案。通过某一具有法律效力的司法决定

[1] 樊崇义：《刑事错案的防范标准》，中国政法大学出版社 2015 年版，第 4 页。
[2] 樊崇义：《刑事错案的防范标准》，中国政法大学出版社 2015 年版，第 8 页。

宣告了错案的存在，表现为后续的诉讼环境以有效的司法决定否定了前面诉讼环节上的司法决定，如法院作出的无罪判决，宣告了立案、批准逮捕、侦查，起诉等诉讼环节上错误现象的存在。立案通常是错案发生或形成阶段，以后的诉讼环节如果没有发现和纠正，便属于错案的发展。形式错案与实质错案大多一致，即形式意义上的错案同时也是实质意义上的错案，但也常有发生分离的现象，即形式上表现为错案但实质上不一定是错案；反之，实质上存在认定事实或适用法律错误，但形式上却不一定被宣告为错案。综上所述，刑事错案是指公安机关、检察机关、审判机关（包括国家安全机关、监管机关）在刑事司法活动中，由于对案件的基本事实、基本证据认定错误，或者适用法律错误，或者严重违反诉讼程序，而导致的刑事案件的追诉、审判出现错误的案件或严重违反诉讼程序，严重侵犯他人合法权益的案件。

从刑事错案的研究现状和深入程度来看，我国刑法学界对刑事错案的研究大致可以划分为探索、发展和繁荣三个阶段。

（一）探索阶段（1996～2004年）

由于我国具有数千年集权和封建专制的传统，为了实现惩罚犯罪的目的，我国过分地强化国家机关的职能作用，忽视被告人的权利保障。所以长期以来尊重和保障人权的相关制度在实践中没有得到很好的贯彻执行，尊重和保障人权的意识和理念尚未得到真正的树立。1996年《刑事诉讼法》修改后，被追诉者的主体地位得以确立，律师在侦查阶段可以提前介入，免于起诉被取消，这一系列的举措彰显了保障人权的精神。这一时期，可以说是我国刑法学界对刑事错案问题研究的探索阶段。这一时期涌现出了一批代表性的著作，如张卫平撰写的《绝对职权主义模式的理性认识》，于伟撰写的《错案标准的界定》，周永坤撰写的《错案追究制与法制国家建设》，陈兴良撰写的《错案何以形成》，金汉标撰写的《“错案”的界定》，杨文杰、李昊撰写的《论错案行为及其监督》，樊崇义撰写的《客观真实管见》，张松美撰写的《析民事再审程序中的“错案”标准》，高一飞撰写的图书《刑事法的中国特色研究》。可以说，这些关于刑事错案问题的科研成果的涌现，标志着我国刑法学界迈出了研究刑事错案问题的步伐。尽管这些研究成果总体上而言还只是处于初步探索阶段，对于刑事错案问题的研究基本上还局限于对刑事错案的概念、范围、特征等问题的探讨之内，研究成果较为缺乏，研究内容涉及的范围也较为狭窄，有些问题如原因、对策等基础性的问题还在研究的盲区，但是这一阶段学者们对刑事错案的理论探索为以后进一步深化刑事错案问题的研究奠定了基础。

（二）发展阶段（2005～2009年）

2005年3月28日，湖北省京山县有一个消息引起了全国轰动，“亡者归来”，即张某某回来了。事情还得从1994年佘祥林杀妻案说起。

1994年4月有人在京山县吕冲村外一个水塘里发现了一具尸体，警察到现场之后，发现是一具女尸，最后做出一个认定，这个死者就是张某某，因为张某某的母亲给侦查人员讲，张某某和她的丈夫佘祥林关系不太好，而且佘祥林之前有外遇，所以佘祥林自然就成了嫌疑人。最后指控佘祥林有罪的主要证据是他的口供。对佘祥林前后审讯了十天，他先后供述了四种不同的杀人过程和方法，但最后公安机关采信了他讲的最后一种，认为和案件中的其他证据能够互相印证，包括法医的检验鉴定书、现场勘验笔录。判决以后，佘祥林一直在申诉，但是石沉大海。如今，佘祥林之妻张某某归来，佘祥林杀妻案得以平反。2005年4月1日，佘祥林因取保候审从监狱里出来，4月13日正式宣判他无罪。

这个案子在当时引起了巨大反响。同时引起了很多法学家的思考，从表层看导致错案的原因就是刑讯逼供，但是一些专家开始思考制度上的问题。

这一时期，可以说是我国刑法学界对刑事错案问题研究的发展阶段。这一时期代表性的著作有：陈兴良撰写的《错案何以形成》，陈瑞华撰写的图书《程序性制裁理论》，王健、马竞撰写的《冤狱是怎样铸成的》，李奋飞撰写的《对客观真实观的几点批判》，张建伟撰写的《刑讯者的心理透视》，刘志远撰写的《刑事错案与刑事赔偿》，张远南撰写的《刑事错案辨析》，何家弘、何然撰写的《刑事错案中的证据问题——实证研究与经济分析》，宋远升撰写的《刑事错案比较研究》，王莹、夏红撰写的《对刑事错案形成原因的分析》，王乐龙撰写的《冤假错案与刑事错案之辨析》，余光升、邱振华撰写的《刑事错案的认定与责任追究》，王乐龙撰写的《刑事错案概念再分析》。这一阶段我国刑法学界对刑事错案问题的研究主要有以下几个特点：第一，对刑事错案的研究逐渐呈现出独立性的理论品格。在此阶段，我国刑法学界摆脱了以往在刑事犯罪概念、范围等方面的争论，开始独立思考刑事错案的一些本体性基础问题，呈现出独立性的理论品格。第二，对刑事错案形成原因等问题的研究逐渐趋于全面和深入。相对前一阶段对刑事错案理论研究的深度和广度都有了突破性的进展，反映出当时我国刑法学界研究刑事错案的整体学术水平有了较大提高。第三，研究成果仍然不够丰富，对刑事错案形成的原因、对策、规范、完善等方面研究不够，失之泛泛，有待加强这一方面的研究和探讨。

（三）繁荣阶段（2010～2015年）

这一阶段，刑法学界对刑事错案问题的研究进入了一个全新的阶段。

2010年5月9日，在监狱已服刑多年的“杀害”同村人的河南商丘村民赵作海，因“被害人”赵某某的突然回家，被宣告无罪释放。2010年5月9日上午，河南省高级人民法院召开新闻发布会，向社会通报赵作海案件的再审情况，认定赵作海故意杀人案系一起错案。河南省高级人民法院于2010年5月8日作出再审判决：撤销河南省高级人民法院复核裁定，宣告赵作海无罪，立即派人赶赴监狱，释放赵作海，并安排好其出狱后的生活。2010 年 5 月 17 日，赵作海领到国家赔偿金和困难补助费 65 万元，并表示对赔偿满意，开始新生活。河南省高级人民法院院长张立勇要求全省法院以赵作海案件为反面教材，并决定把无罪释放赵作海的 5 月 9 日定为全省法院“警示日”。今后每年的这一天，全省法院都要组织广大干警围绕这起案件深刻反思，并作为一项制度长期坚持下去。

因为这一事件，我国刑法学界对于刑事错案的研究也呈现出繁荣的景象，相关学术论文大量涌现，这一阶段的研究不仅有广度还有深度，有理论的积累更有对实践的冷静思考，之前许多关于刑事错案研究较为薄弱的问题也得到了学者广泛关注。例如，刘品新撰写的《刑事错案成因考量》，李春刚撰写的《刑事错案基本问题研究》，何家弘主编的图书《谁的审判谁的权》，冀祥德撰写的《反思错案根源实现公平公正》，刘仁文、刘泽鑫的《刑讯逼供——冤假错案的罪魁祸首》，何家弘撰写的《错案为何能复制》，张保生撰写的《刑事错案及其纠错制度的证据分析》，冀祥德撰写的《如何遏制冤假错案的发生》，王敏远撰写的《死刑错案的类型、原因与防治》，樊崇义撰写的《刑事错案的防范标准》。仔细分析，不难发现，此阶段的研究主要有以下两个特点：第一，开拓和挖掘了刑事错案研究的一些新领域、新问题，并产生了不少有相当深度的研究成果。例如 2014 年 3 月 19 日，中国社会科学研究院法学研究所冀祥德教授在中国法学网上撰文《如何遏制冤假错案的发生》，这恰恰是以往我们研究刑事错案时所忽视或关注不够的问题，冀祥德教授所作的上述相关研究无疑弥补了这方面的缺憾。第二，此阶段的研究成果丰富，但仍有所侧重。具体来说，此阶段研究的侧重点主要集中在刑事错案一些基本性的理论问题，实务问题的研究相对而言较少。而刑事错案是一个不折不扣典型的实务问题，应当说，刑事错案的实务问题亟待研究。

二、域外刑事错案的研究现状

近年来，美国的一些法学人士转入对不同国家防范与纠正刑事错案机制的比较研究。有人建议学习英国通过立法来遏制刑事错案，如2001年英国参议员帕特里克利亚提出了《英国无辜者保护法》，以改革刑事司法制度来避免无辜者被冤杀，该法已于2004年10月30日正式生效。为遏制刑事错案，英国的主要对策是修法或立法。例如，1907年《英国刑事上诉法》的出台应当归因于贝克案的压力，1965年《英国谋杀法》对死刑制度的废除缘起于本特利案、埃文斯案和埃利斯案三起错案，1984年《英国警察与刑事证据法》对警察行为的法典化规制起因于康怀特事件。英国还于1997年创设了一个正式的官方机构，即刑事案件调查委员会。它主要负责独立调查那些申诉至英国内政部寻求国家赦免的定罪案件，确认其中是否存在误判无辜者的可能性。据统计，如今刑事案件调查委员会每年大约收到860起案件，其中平均约有500起启动了重新调查，又约有35起被提交上诉法院重审；而在重审的案件中，约有6起案件被撤销原判。

（一）域外刑事错案报告

刑事错案报告是域外一些国家和地区对本国、本地区范围内在一定历史时期发生的刑事错案的系统梳理，反映了他们对待刑事错案的态度，同时也在一定程度上反映了他们的法治建设水平。一些有重要影响的刑事错案报告，已经成为我国学者研究外国法律制度和司法制度，并从中寻找有益借鉴的重要素材。美国加州大学伯克利分校法学院下设的厄尔·沃伦首席大法官法律和社会政策研究所和从事刑事司法研究的霍尔韦咨询服务公司联合发布了关于刑事错案的研究成果《美国加州刑事错案报告》（以下简称《报告》）。《报告》采用实证研究方法，对1989年1月至2012年9月发生在美国加州的214件刑事错案进行了系统的整理和分析，并对这些错案的损失、类型、分布等情况作了详细统计。《报告》的内容来源于发生在美国加州的触犯加州刑法或美国联邦刑法的犯罪案件，这些案件因被驳回或撤销而宣告被告人无罪。同时，《报告》中的数据还包括因行政官员渎职产生的民事赔偿案件。

《报告》将“刑事错案”定义为：所有起诉罪项均被法院驳回，检察院撤销起诉，以及定罪被推翻和再审宣告无罪的案件。《报告》的原始数据来源于公共资源，如法院档案，美国加州公众服务机构数据，法律数据库（例如，律商网数据库，西方法律网数据库），报纸和网络。原始数据只有在经过美国州档案、美国联邦档案或者律师保存档案的确认后，才能进入《报告》采用的数据组。经过筛选，报告中采用的数据组中共有 214 个案件，均为在 1989 年 1 月（DNA 鉴定技术引入犯罪认定也是在这一年）后，被宣告无罪、被撤销起诉以及被驳回的案件。《报告》采用的数据组中包括三类案件：一是《美国国家无罪宣告案件登记报告》（以下简称《登记报告》）中的 120 个案例。《登记报告》是由美国密歇根大学法学院和美国西北大学法学院错案研究中心联合研究做出的。二是 53 个被撤销的案件。公开报道显示，随着对警员渎职调查的深入，目前已有超过 100 个案件中的定罪被撤销。《报告》选取的 53 个案件是其中已经过法院或官方机构独立进行了确认的案件。三是其他经过筛选的 41 个案件。

《报告》中计算的错案损失包括两个方面：一是，因在美国州或联邦监狱服刑而对被监禁人造成的直接损失；二是，因错判有罪而对被监禁人进行的民事赔偿。上述计算方式是保守性的。因为，法院撤销有罪判决的日期往往就被认定为释放日期，而在实践中，由于工作机制方面的原因，多数被监禁人在法院撤销有罪判决后至被释放前，仍然会被额外监禁一段时间。《报告》中计算前述两项错案损失的依据分别是美国加州复查部门或联邦审查部门公布的被监禁人在被监禁年度的人均收入和公开的数据记录。《报告》中计算的错案损失不包括律师费和判决前先行羁押对被监禁人造成的损失，也不包括其他间接损失，如对被监禁人家属造成的影响，公众对司法公正信赖的降低等。

（二）域外刑事错案初步研究成果

1. 加州的错案数量在全美范围内处于领先地位

自1989年1月至2012年9月，对发生在美国加州的214件刑事错案进行了系统的整理和分析，并对这些错案的损失、类型、分布等情况作了详细统计。加州无罪宣告案件有120例，超过了伊利诺伊州的110例，德克萨斯州的100例和纽约州的100例。自1989年1月至2012年9月，已经有3名被判处死刑的加州人被撤销死刑判决，针对他们的指控也被驳回。此外，在1981年还有两名死囚犯被宣告无罪。2012年7月至9月，加州产生的错案损失共计1.29亿美元，加上通货膨胀的原因，上述费用总计调整为1.44亿美元。随着今后每年各项损失的增加，预计未来的错案损失还将会大幅提高。（错案损失的情况见图2－1）

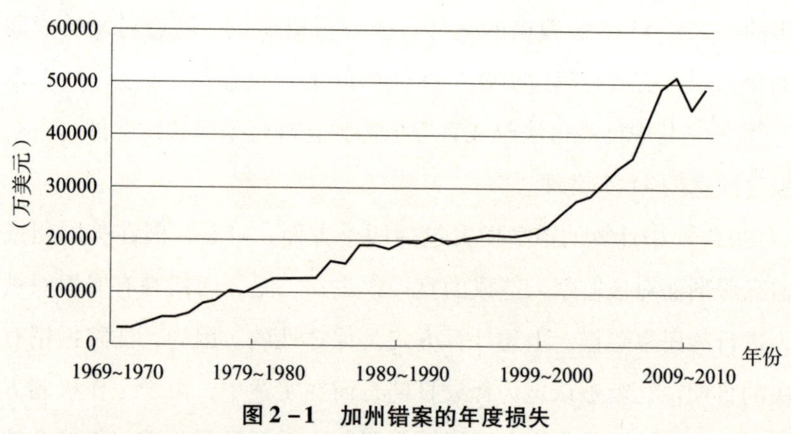

图2－1　加州错案的年度损失

注：根据加州复查部门提供数据制作。

2. 错案多发于谋杀案件和过失杀人案

错案（兰帕特案件除外）多发于谋杀案件和过失杀人案件之中，两

者占到了42%（相关情况见图2－2）。

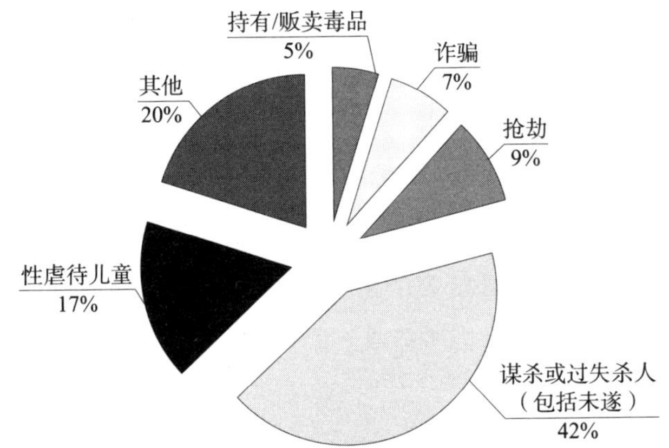

图2－2　加州错案类型分布

3. 被初次判处监禁的时间在20年以上

有40%的错案中被监禁人被初次判处监禁的时间在20年以上，包括初次被判决终身监禁、终身监禁并不得假释和死刑三种情形（相关情况见图2－3）。

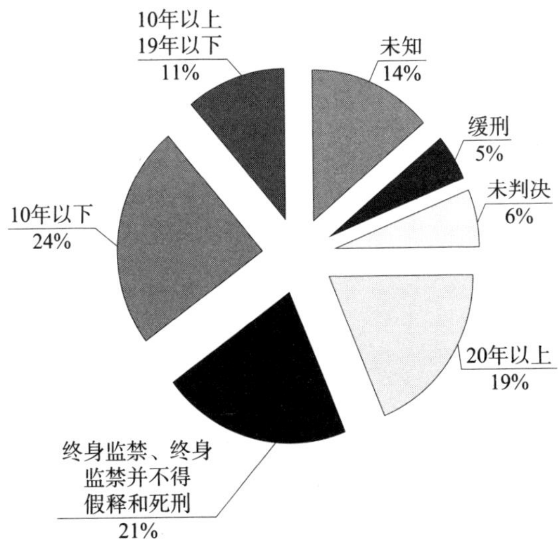

图2－3　加州错案判刑情况

从图 2－1～图 2－3 可以看出，由错案造成的损失是极为惨重的。错案的成因是多方面的。经实证研究发现，官方渎职（警方或检方）因素占 39%；伪证或错误指控因素占 42%；目击者证言错误因素占 26%；辩护人辩护不利因素占 19%。（注：所有因素的比重加起来超过了 100%，原因在于导致某一错案的原因可能不止一个。有些因素即使并非导致错案被撤销或驳回的法律依据，但是也被考虑进来。）在错案的成因中，警方渎职的因素最为严重。所有 53 件因兰帕特丑闻导致的错案都是由于警方的渎职行为所造成。近 6% 的错案由于 DNA 鉴定技术的运用被撤销。

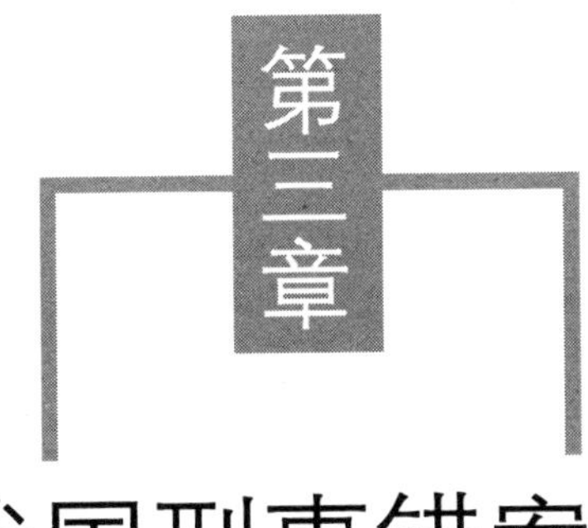

第二章 我国刑事错案的司法实践样态

第一节 | 我国81起刑事错案概况统计

一、我国81起刑事错案的判决及刑讯逼供等情况

表3－1 我国81起刑事错案的判决及刑讯逼供等情况统计表

序号	姓名	罪名	判决情况	是否错杀	羁押时间	纠错原因	是否刑讯逼供
1	姜自然	故意杀人罪	1994年6月23日，一审判处死刑； 1997年8月4日，再审判处死刑； 1998年2月26日，被宣告无罪	否	2335天	证据不足	是
2	滕兴善	故意杀人罪	1988年12月13日，一审判处死刑； 1989年1月19日，二审裁定维持原判； 1989年1月28日，被执行枪决； 2006年1月18日，再审宣告无罪	是	不明	死者归来	不明
3	吴鹤声	故意杀人罪	1993年7月23日，一审判处无期徒刑； 1996年6月，复查，维持原判； 1999年12月22日，被宣告无罪	否	3174天	真凶落网	是

续表

序号	姓名	罪名	判决情况	是否错杀	羁押时间	纠错原因	是否刑讯逼供
4	佘祥林	故意杀人罪	1994 年 10 月 13 日，一审判处死刑； 1995 年 1 月 6 日，二审撤销原判，发回重审； 1998 年 6 月 15 日，重审一审判处有期徒刑 15 年，剥夺政治权利 5 年； 1998 年 9 月 22 日，重审二审维持原判； 2005 年 4 月 13 日，再审宣告无罪	否	3995 天	2005 年 3 月 28 日被害人生还	是
5	王洪学	故意杀人罪、保险诈骗罪	2003 年 10 月 9 日，一审判处二人死刑，缓期两年执行； 2004 年 6 月 4 日，湖北省高院作出了刑事裁定，认为事实不清、证据不足，发回武汉中院重审； 2004 年 11 月 8 日，改判为无期徒刑； 2005 年 6 月 7 日，宣告无罪	否	800 多天	疑罪从无	是
	王洪武			否			
6	刘翠珍	故意杀人罪	2004 年 4 月 22 日，一审判处死刑，缓期两年执行； 2004 年 9 月 1 日，二审裁定撤销原判，发回重审； 2004 年 10 月 14 日，重审一审判处死刑； 2005 年 6 月 1 日，重审二审裁定撤销原判，发回重审； 2005 年 7 月 29 日，检察院作出不起诉决定，无罪释放； 2008 年 5 月 9 日，检察院重新起诉； 2008 年 10 月 29 日，一审判处有期徒刑 15 年； 2009 年 5 月 6 日，中院裁定撤销区法院一审判决； 2009 年 12 月 10 日，检察院作出不起诉决定，无罪释放	否	1494 天	证据不足	不明

续表

序号	姓名	罪名	判决情况	是否错杀	羁押时间	纠错原因	是否刑讯逼供
7	陈世江	故意杀人罪	2001 年 3 月 23 日，一审判处死刑，缓期两年执行； 2001 年 7 月 27 日，二审维持原判； 2003 年 12 月 10 日，减刑为无期徒刑； 2006 年 4 月 18 日，再审宣告无罪	否	2721 天	疑罪从无	是
8	崔宝富	故意杀人罪	1992 年 6 月 18 日，一审判处无期徒刑； 不服上诉，山东省高院驳回上诉，维持原判； 2004 年 10 月 11 日，被宣告无罪	否	4778 天	疑罪从无	不明
9	郭新才	故意杀人罪、放火罪	1997 年 1 月 28 日，一审判决死刑； 1997 年 7 月 31 日，山东省高院裁定发回重审； 1998 年 11 月 25 日，死刑缓期两年执行； 1999 年 12 月 28 日，山东省高院再次裁定发回重审； 2001 年 8 月 2 日，判处有期徒刑 15 年； 2001 年 11 月 1 日，被宣告无罪	否	不明	疑罪从无	是
10	李久明	故意杀人罪、非法持有、私藏枪支罪	2003 年 11 月 26 日，一审判处死刑，缓期两年执行； 2004 年，二审撤销一审判决，发回重审； 2004 年 11 月 26 日，被宣告无罪释放	否	866 天	2004 年 7 月真凶蔡某某（死刑犯）供认系其作案	是

续表

序号	姓名	罪名	判决情况	是否错杀	羁押时间	纠错原因	是否刑讯逼供
11	徐东辰	强奸罪、故意杀人罪	1999 年 12 月 9 日，一审判处死刑； 2000 年 6 月 9 日，二审裁定撤销原判，发回重审； 2000 年 12 月 7 日，重审一审判处死刑； 2001 年 3 月 8 日，重审二审裁定撤销原判，发回重审； 2001 年 9 月 4 日，重审一审判处死刑，缓期两年执行； 重审二审裁定撤销原判，发回重审； 2003 年 7 月 12 日，重审一审判处死刑，缓期两年执行； 2005 年 12 月 14 日，重审二审宣告无罪	否	3001 天	证据不足	是
12	李春兴	故意杀人罪	2003 年 10 月，一审判处死刑； 2004 年 5 月 26 日，河北省高院裁定撤销一审判决，发回重审； 再审判决死刑； 2005 年 12 月 7 日，河北省高院宣告李春兴无罪	否	915 天	疑罪从无	不明
13	刘俊海	故意杀人罪、放火罪	1999 年 11 月 5 日，法庭第一次开庭审理刘俊海案，后来，法院因证据不足停止了审判； 2003 年 4 月 29 日，被宣告无罪	否	5475 天	疑罪从无	是
	刘印堂			否			

续表

序号	姓名	罪名	判决情况	是否错杀	羁押时间	纠错原因	是否刑讯逼供
14	刘志连（女）	故意杀人罪	2009 年 8 月 17 日，邯郸市中院一审判处死刑，缓期两年执行； 2009 年 12 月 4 日，河北省高院裁定发回重审； 2010 年 9 月 29 日，邯郸中院裁定准许检察院撤回起诉； 2011 年 5 月 4 日，涉县法院对此案作出了不予受理的决定； 2011 年 8 月 7 日，市检察院对刘志连宣布不起诉决定，并将其当场释放	否	1929 天	疑罪从无	不明
15	赵艳锦	故意杀人罪	2005 年 12 月 23 日，一审宣告无罪； 2006 年 1 月 4 日，检察院提起诉讼；二审裁定撤销原判，发回重审； 2008 年 6 月 12 日，重审一审判处无期徒刑； 2010 年 4 月 9 日，重审二审裁定撤销原判，发回重审； 2010 年 8 月 10 日，重审一审判处无期徒刑； 2011 年 5 月 23 日，重审二审作出无罪判决； 2013 年 2 月 6 日，判决书送达，被告人无罪释放	否	3307 天	疑罪从无	是
16	张新亮	故意杀人罪	2001 年 3 月 27 日，一审判处死刑； 2001 年 7 月 4 日，二审裁定撤销原判，发回重审； 2002 年 7 月 2 日，重审一审判处无期徒刑； 2002 年 8 月 21 日，重审二审裁定撤销原判，发回重审； 2003 年 7 月 28 日，重审一审判处无期徒刑； 2005 年 8 月 28 日，重审二审宣告无罪	否	不明	证据不足	不明

续表

序号	姓名	罪名	判决情况	是否错杀	羁押时间	纠错原因	是否刑讯逼供
17	赵作海	故意杀人罪	2002年12月5日，一审判处死刑，缓期两年执行； 2010年5月8日，高院再审，裁定撤销原判，宣告无罪	否	4015天	死者归来	是
18	秦艳红	强奸罪、 故意杀人罪	1999年10月8日，一审判处死刑； 2002年5月28日，无罪释放	否	1392天	2001年2月，真凶元某某（抢劫强奸作案40余起，杀害18人）向警方自首	是
19	张从明	抢劫罪、 故意杀人罪	1997年9月1日，一审判处死刑； 1998年7月，判处死刑，缓期两年执行； 2001年，有期徒刑15年； 2002年11月28日，被宣告无罪释放	否	2103天	疑罪从无	是
20	张绍友	故意杀人罪、 强奸罪	2002年12月24日，一审判处死刑； 2003年11月20日，二审判处死刑，缓期两年执行； 2008年12月25日，再审宣告无罪	否	3060天	2008年4月23日抓获真凶胡某某	是

续表

序号	姓名	罪名	判决情况	是否错杀	羁押时间	纠错原因	是否刑讯逼供
21	李怀亮	故意杀人罪	2003 年 9 月 19 日，一审判处有期徒刑 15 年； 2003 年 12 月 2 日，二审裁定撤销原判，发回重审； 2004 年 8 月 3 日，重审一审判处死刑； 2005 年 1 月 22 日，重审二审裁定撤销原判，发回重审； 2006 年 4 月 11 日，重审一审，判处死刑，缓期两年执行； 2006 年 9 月 27 日，重审二审裁定维持原判，发回重审； 之后案件被搁置； 2013 年 4 月 25 日，重审一审宣告无罪释放	否	4380 天	疑罪从无	不明
22	杨波涛	故意杀人罪	2005 年 9 月 1 日，商丘市中院判处杨波涛死刑，缓期两年执行； 2006 年 6 月 7 日，河南省高院裁定撤销原判，发回重审； 2006 年 10 月 16 日，商丘中院判处死刑，缓期两年执行； 2007 年 10 月 29 日，河南省高院裁定撤销原判，发回重审； 2009 年 6 月 12 日，商丘中院判处杨波涛无期徒刑； 2009 年 9 月 26 日，河南省高院又撤销原判、发回重审。 2013 年 8 月 23 日，商丘市检察院决定撤回起诉；8 月 26 日，商丘市中院裁定准许商丘市检察院撤回对被告人杨波涛的起诉； 2014 年 2 月 12 日，杨波涛被取保候审	否	3650 天	疑罪从无	是

续表

<table>
<tr><th>序号</th><th>姓名</th><th>罪名</th><th>判决情况</th><th>是否错杀</th><th>羁押时间</th><th>纠错原因</th><th>是否刑讯逼供</th></tr>
<tr><td>23</td><td>马廷新</td><td>故意杀人罪</td><td>2002 年 12 月 14 日，马廷新因涉嫌故意杀人被浚县公安局刑事拘留；同年 12 月 25 日，被批捕；
2004 年 7 月 23 日，一审判决无罪；
2007 年 3 月 20 日，宣告无罪；
2008 年 4 月 17 日，宣告无罪释放</td><td>否</td><td>约 1825 天</td><td>证据不足</td><td>是</td></tr>
<tr><td rowspan="4">24</td><td>李　杰</td><td rowspan="4">故意杀人罪</td><td rowspan="4">1996 年 11 月 30 日，一审判处无期徒刑；
1998 年 6 月 12 日，驳回上诉，维持原判；
2003 年 7 月 1 日，被宣告无罪</td><td>否</td><td rowspan="4">2795 天</td><td rowspan="4">2003 年 1 月 27 日真凶归案后的有罪供述</td><td rowspan="4">是</td></tr>
<tr><td>黄德海</td><td>否</td></tr>
<tr><td>何　军</td><td>否</td></tr>
<tr><td>黄　刚</td><td>否</td></tr>
<tr><td>25</td><td>杜培武</td><td>故意杀人罪</td><td>1999 年 2 月 5 日，一审判处死刑；
1999 年 10 月 20 日，判处死刑，缓期两年执行；
2000 年 7 月 12 日，被宣告无罪释放</td><td>否</td><td>730 天</td><td>真凶落网</td><td>是</td></tr>
<tr><td>26</td><td>孙万刚</td><td>强奸罪、故意杀人罪</td><td>1996 年 9 月 20 日，一审判处死刑；
1998 年 5 月 9 日，再审判处死刑；
1998 年 11 月 12 日，处死刑，缓期两年执行；
2004 年 2 月 10 日，被宣告无罪释放</td><td>否</td><td>2961 天</td><td>疑罪从无</td><td>是</td></tr>
<tr><td>27</td><td>尹用国</td><td>故意杀人罪</td><td>2004 年 12 月，德宏中院判处尹用国死刑；
2005 年 3 月 17 日，省高院裁定撤销判决，发回重审；
2006 年 6 月，德宏中院再次判决尹用国死刑；
2005 年 9 月 6 日，省高院终审宣告尹用国无罪并释放</td><td>否</td><td>555 天</td><td>疑罪从无</td><td>不明</td></tr>
</table>

续表

序号	姓名	罪名	判决情况	是否错杀	羁押时间	纠错原因	是否刑讯逼供
28	陈金昌	抢劫罪、故意杀人罪	1995年11月3日，一审判处死刑； 1996年5月，死刑，缓期两年执行； 1998年2月18日，被宣告无罪	否	878天	1997年5月真凶归案后的有罪供述	是
	温绍国			否	878天		
	温绍荣			否	878天		
	姚泽坤			否	878天		
29	高进发	强奸罪、故意杀人罪	2002年10月24日，一审判处死缓； 2004年4月2日，判处死缓； 2005年7月9日，被宣告无罪	否	1215天	证据不足	是
30	王元松	故意杀人罪	2005年4月16日，一审判处无期徒刑； 2010年，贵州省高院再审此案，仍维持原判； 2014年6月，贵州省高院撤销了此前二审和再审的裁定，发回重审； 2014年10月，六盘水市检察院撤诉，王元松被释放	否	3650天	真凶出现	是
31	叶求生	故意杀人罪	1996年，一审判处死刑； 1997年1月25日，撤销原判，发回重审； 2000年6月6日，被撤回指控； 2002年7月25日，被释放	否	3419天	证据不足	是
32	覃俊虎	抢劫罪、故意杀人罪	1999年12月29日，一审判处覃俊虎死刑，缓期两年执行，兰永奎无期徒刑； 2000年12月12日，维持原判； 2003年6月28日，二人被宣告无罪	否	不明	2001年7月7日真凶牙某某自首	是
	兰永奎			否	不明		

续表

序号	姓名	罪名	判决情况	是否错杀	羁押时间	纠错原因	是否刑讯逼供
33	贺柳德	故意杀人罪	2005年7月，柳州市中院判处死刑，缓期两年执行； 2006年6月，广西高院发回重审； 2006年11月22日，柳州市中院宣告无罪； 2006年12月1日，被释放	否	760天	疑罪从无	是
34	邓立强	故意杀人罪	2002年12月18日，一审判处死刑； 2003年6月，高院发回重审； 2003年11月，中院改判邓立强无罪，并当庭释放	否	723天	疑罪从无	不明
35	徐　辉	强奸罪、 故意杀人罪	2001年5月9日，一审判处死刑，缓期两年执行； 2001年12月3日，二审维持原判； 2011年7月22日，高院再审，裁定撤销原判，发回重审； 2014年9月9日，重审一审宣告无罪	否	5840天	疑罪从无	是
36	孙邵华	故意杀人罪	1997年8月27日，一审判处死刑； 2000年10月12日，无罪释放	否	3978天	疑罪从无	是
37	王海军	故意杀人罪	1987年3月23日，一审判处王海军有期徒刑15年； 1998年8月3日，假释； 2001年7月19日，被宣告无罪	否	4282天	1998年8月3日假释。2001年6月，真凶金某某主动交代	是

续表

序号	姓名	罪名	判决情况	是否错杀	羁押时间	纠错原因	是否刑讯逼供
38	杨云忠	故意杀人罪	1996 年 9 月 27 日，一审判处死刑； 1998 年 9 月 7 日，判处无期徒刑； 2001 年 10 月 5 日，被宣告无罪释放	否	2648 天	2001 年 1 月真凶出现	是
39	王有恩	故意杀人罪	1996 年 7 月 2 日，牡丹江中院一审判决：王有恩死刑，米巧玲判处有期徒刑 3 年； 1996 年 10 月 13 日，高院裁定撤销原判，发回重审； 1996 年 12 月 30 日，牡丹江中院重审判决：王有恩死刑，米巧玲有期徒刑加至 5 年； 2000 年 3 月，牡丹江中院判处王有恩死刑缓期两年执行，米巧玲有期徒刑 5 年； 2000 年 11 月 8 日，王有恩、米巧玲被宣告无罪，随后被释放	否	2209 天	疑罪从无	是
	米巧玲	包庇罪		否	1657 天		
40	陈琴琴	故意杀人罪	2010 年 11 月 9 日，一审判处死缓； 一年多后，甘肃省高院发回重审； 2012 年 7 月，再审一审，维持原判； 2014 年 9 月 30 日，再审二审，改判无罪	否	1810 天	疑罪从无	是
41	费　琴	故意杀人罪	2006 年 4 月 26 日，一审判处二人无期徒刑； 2007 年 4 月 10 日，被宣告无罪	否	193 天	疑罪从无	是
	费志标			否	572 天		

续表

序号	姓名	罪名	判决情况	是否错杀	羁押时间	纠错原因	是否刑讯逼供
42	张　辉 张高平	故意杀人罪	2004年4月21日，一审判处张辉死刑、张高平无期徒刑； 2004年10月19日，二审改判张辉死刑，缓期两年执行；张高平有期徒刑15年； 2013年3月26日，高院再审宣告无罪	否	3596天	疑罪从无	是
43	陈建阳	故意杀人罪	1997年7月11日，一审判处陈建阳、田伟东、王建平3人死刑；判处朱又平死刑，缓期两年执行；判处田孝平无期徒刑；前4人上诉； 1997年12月29日，二审判处陈建阳、田伟东、王建平3人死刑，缓期两年执行；核准朱又平死缓； 2013年7月2日，再审认定抢劫罪不成立	否	不明	真凶落网	是
	田伟东			否	不明		
	王建平			否	不明		
	朱又平			否	不明		
	田孝平			否	不明		
44	庞成师	故意杀人罪	2000年12月7日，海南中院一审判处死刑，缓期两年执行； 2001年3月16日，海南省高院裁定发回重审； 2001年6月19日，海南中院判处死刑，缓期两年执行； 2001年11月19日，海南省高院再次发回重审； 2002年4月16日，海南中院判处无罪	否	1501天	疑罪从无	是
45	黄家光	故意杀人罪	2000年7月11日，一审判处无期徒刑； 2000年12月21日，二审维持原判； 2014年9月29日，再审宣告无罪	否	614天	疑罪从无	是

续表

序号	姓名	罪名	判决情况	是否错杀	羁押时间	纠错原因	是否刑讯逼供
46	王什彩	故意杀人罪	2009 年 10 月 21 日，亳州市中院一审判处死刑，缓期两年执行； 2010 年 3 月 31 日，安徽省高院发回重审； 2011 年 5 月 11 日，亳州市中院判处无期徒刑； 王什彩上诉，省高院再次发回重审； 2012 年 6 月 11 日，亳州市中院判处有期徒刑 15 年； 2013 年 4 月 3 日，王什彩被无罪释放	否	约 1460 天	疑罪从无	是
47	于英生	故意杀人罪	1998 年 4 月 7 日，一审判处死刑，缓期两年执行； 1998 年 9 月 14 日，二审裁定撤销原判，发回重审； 1999 年 9 月 16 日，重审一审判处死刑，缓期两年执行； 2000 年 5 月 15 日，重审二审裁定撤销原判，发回重审； 2000 年 10 月 25 日，重审一审判处无期徒刑； 2002 年 7 月 1 日，重审二审维持原判； 2013 年 8 月 13 日，高院再审，宣告无罪	否	6201 天	疑罪从无	不明
48	代克民	故意杀人罪	2009 年 11 月 25 日，亳州市中院一审判处代克民、李保春死刑，李超死刑，缓期两年执行； 2010 年 5 月 11 日，安徽省高院发回重审； 2011 年 9 月 2 日，亳州市中院判处代克民、李保春死刑，缓期两年执行，李超无期徒刑； 2011 年 12 月 26 日，安徽省高院发回重审； 2013 年 2 月 4 日，亳州中院作出判决，维持原判； 2013 年 9 月 2 日，安徽省高院发回重审； 2014 年 1 月 10 日，被宣告无罪	否	2555 天	疑罪从无	不明
	李保春			否			
	李　超			否			

续表

序号	姓名	罪名	判决情况	是否错杀	羁押时间	纠错原因	是否刑讯逼供
49	王本余	故意杀人罪	1996 年 11 月，被判处死刑，缓期两年执行； 2013 年 7 月 1 日，高院改判强奸杀人罪名不成立； 中院以包庇罪判处有期徒刑 3 年	否	6570 天	真凶落网	是
50	呼格吉勒图	流氓罪、故意杀人罪	1996 年 5 月 17 日，一审判处死刑； 1996 年 6 月 5 日，维持原判；核准死刑； 1996 年 6 月 10 日，被执行死刑； 2014 年 12 月 15 日，再审宣告无罪	是	不明	疑罪从无	不明
51	童立民	故意杀人罪	1999 年 10 月，一审判处死刑，缓期两年执行； 2000 年 9 月 20 日，二审发回重审； 2002 年 10 月 11 日，被宣告无罪	否	2773 天	疑罪从无	不明
52	常林锋	故意杀人罪	2010 年 5 月 5 日，北京市一中院判处死刑，缓期两年执行； 2011 年 4 月 14 日，北京市高院撤销一审判决，发回重审； 2013 年 3 月 20 日，北京市一中院宣告常林锋无罪	否	2190 天	疑罪从无	不明
53	刘吉强	故意杀人罪	2002 年 11 月 25 日，吉林市中院一审判处死刑，缓期两年执行； 2003 年 3 月 13 日，吉林省高院终审裁定，维持原判； 2016 年 4 月 29 日，刘吉强无罪获释	否	18 年	疑罪从无	是

续表

序号	姓名	罪名	判决情况	是否错杀	羁押时间	纠错原因	是否刑讯逼供
54	杨明银	抢劫罪（杀人）	2000 年 1 月 20 日，判处有期徒刑 16 年； 2006 年 9 月 15 日，被宣告无罪	否	3600 天	2006 年 4 月贪污犯为立功而举报犯罪	是
55	欧阳佳	抢劫罪	湖南娄底市娄星区人民法院先后判处欧阳佳 10 年 6 个月和 8 年的有期徒刑； 欧阳佳不服，要求上诉； 2014 年 2 月 27 日，娄底中院对此案进行了公开审理，经审理，宣告欧阳佳无罪	否	不明	疑罪从无	不明
56	郝金安	抢劫罪（杀人）	1998 年 11 月 18 日，一审判处死刑，缓期两年执行； 2008 年 1 月 25 日，再审宣告无罪	否	3664 天	2006 年 5 月真凶落网交代	是
57	胥敬祥	抢劫罪、盗窃罪	1997 年 3 月 7 日，一审判处其有期徒刑 16 年。 2001 年 11 月 7 日，二审裁定撤销原判，发回重审； 2002 年 4 月，重审一审判处有期徒刑 16 年； 2003 年 2 月，重审二审维持原判； 2003 年 5 月，检察院提起抗诉； 2004 年 12 月，高院再审，裁定撤销一、二审判决，发回重审； 2005 年 3 月 15 日，检察院送达不起诉决定书，无罪释放	否	4732 天	证据不足	是

续表

序号	姓名	罪名	判决情况	是否错杀	羁押时间	纠错原因	是否刑讯逼供
58	王江峰	抢劫罪	2012年5月21日，王益区人民法院判处王江峰有期徒刑10年； 2013年8月8日，铜川市中院发回重审； 2014年2月25日，王益区人民法院判处王江峰有期徒刑3年6个月； 2014年7月3日，铜川市中院宣告无罪	否	739天	疑罪从无	是
59	张光祥	抢劫罪	2007年6月7日，一审判处死刑，缓期两年执行； 2007年8月9日，二审裁定撤销原判，发回重审； 2008年9月，重审一审判处死刑，缓期两年执行； 2009年4月，重审二审裁定撤销原判，发回重审； 2012年12月，重审一审判处有期徒刑15年； 2014年4月29日，重审二审宣告无罪	否	4015天	疑罪从无	是
60	史延生	抢劫罪（杀人）	1993年11月4日，一审判处死刑，缓期两年执行； 1995年7月13日，二审裁定发回重审； 1999年7月26日，无罪释放	否	2070天	疑罪从无	是
61	刘荣彬	抢劫罪	2001年5月14日，中院一审判处死刑； 2001年11月27日，高院裁定发回重审； 2001年4月22日，省检察院正式下达《不起诉决定书》； 2001年4月25日，刘荣彬恢复自由	否	451天	疑罪从无	不明

续表

序号	姓名	罪名	判决情况	是否错杀	羁押时间	纠错原因	是否刑讯逼供
62	黄亚全	抢劫罪	2000年，一审判处死刑，缓期两年执行； 2001年3月，维持原判； 2001年7月，维持原判； 2001年9月1日，被宣告无罪	否	2920天	真凶落网	不明
	黄圣育			否			
63	宋保民	强奸罪	2000年12月12日，一审判处有期徒刑3年； 2001年10月30日，维持原判； 2007年5月21日，判决无罪	否	不明	证据不足	不明
64	孟存明	强奸罪	1997年1月15日，一审判处有期徒刑9年，剥夺政治权利2年； 2004年10月30日，刑满释放； 2005年9月14日，被宣告无罪	否	3288天	证据不足	不明
65	刘　前	强奸罪	1998年7月29日，一审判处有期徒刑6年； 二审维持； 2005年11月20日再审； 2007年6月19日，被宣告无罪	否	2192天	证据不足	不明
66	徐计彬	强奸罪	1992年8月23日，一审判处有期徒刑8年； 1992年8月23日，二审维持原判； 2006年，中院再审，裁定撤销原判，发回重审； 2006年7月28日，重审一审宣告无罪	否	不明	2005年12月重新鉴定血型（证据不足）	不明

续表

序号	姓名	罪名	判决情况	是否错杀	羁押时间	纠错原因	是否刑讯逼供
67	张保银	强奸罪	1981 年 3 月 5 日，一审判处有期徒刑 10 年； 1981 年 9 月 15 日，二审维持原判； 2008 年 6 月 18 日，省高院再审，裁定撤销原判，发回重审； 2009 年 8 月 24 日，重审一审宣告无罪	否	不明	证据不足。发现其血型与现场血衣血型不一致	不明
68	张金波	强奸罪	1998 年 10 月 26 日，一审判处有期徒刑 10 年，剥夺政治权利 2 年； 1999 年 4 月 22 日，二审维持原判； 2004 年 5 月 12 日，省高院指令中院再审； 2004 年 8 月 26 日，中院再审维持原判； 2005 年 7 月 18 日，省高院决定提审； 2006 年 12 月 18 日，再审宣告无罪	否	3650 天	证据不足	不明
69	裴树唐	强奸罪	1986 年 12 月 17 日，一审判处有期徒刑 7 年； 1987 年 3 月 20 日，二审维持原判； 2009 年 2 月 17 日，最高人民法院指令省高院再审； 2009 年 12 月 11 日，省高院指令中院再审； 2010 年 8 月 31 日，中院再审，撤销原判，发回重审； 2011 年 1 月 26 日，重审一审宣告无罪	否	不明	证据不足	不明
70	王俊超	奸淫幼女罪	1999 年 11 月 24 日，一审判处有期徒刑 9 年； 2005 年 8 月 30 日，再审被宣告无罪	否	1902 天	真凶自首	是

续表

序号	姓名	罪名	判决情况	是否错杀	羁押时间	纠错原因	是否刑讯逼供
71	吴昌龙	爆炸罪	2004 年 12 月 1 日，一审判处陈科云、吴昌龙死刑，缓期两年执行，杜捷生、谈敏华有期徒刑 10 年，谢清有期徒刑 3 年； 2005 年 12 月 31 日，二审裁定撤销原判，发回重审； 2006 年 10 月 10 日，重审一审判处 5 名被告的罪名不变，只是量刑稍有变化：陈科云、吴昌龙死缓，杜捷生有期徒刑 7 年，谈敏华有期徒刑 6 年，谢清有期徒刑 2 年； 2013 年 5 月 3 日，重审二审宣告 5 名被告人无罪	否	4215 天	疑罪从无	不明
72	叶烈炎	爆炸罪	2003 年 11 月 10 日，一审判处有期徒刑 13 年； 2004 年 7 月 29 日，再审维持原判； 后景德镇中院宣告叶烈炎无罪	否	941 天	疑罪从无	是
73	董文栵	贩卖毒品罪	1997 年 5 月，一审判处死刑； 2000 年 4 月，再审判处无期徒刑； 2003 年 1 月，被宣告无罪释放	否	2953 天	证据不足	是
74	吴向明	贪污罪、妨害作证罪	2000 年 6 月，判处有期徒刑 3 年，缓期 4 年执行； 2000 年 12 月，宣告无罪； 2003 年 1 月，有期徒刑 10 年； 2004 年 4 月 19 日，宣告无罪	否	923 天	证据不足	不明
75	涂景新	贪污罪	2003 年 5 月 19 日，一审判处死刑，缓期两年执行； 2004 年 12 月 15 日，被取保候审； 2006 年 12 月 12 日，被宣告无罪	否	1882 天	证据不足	不明

续表

序号	姓名	罪名	判决情况	是否错杀	羁押时间	纠错原因	是否刑讯逼供
76	张　军	受贿罪、 诈骗罪、 教唆拒不执行法院判决罪	一审判处有期徒刑 15 年， 发回重审，维持原判，再审 3 年； 2001 年 6 月 4 日，宣告无罪	否	1095 天	证据不足	是
77	陈信滔	敲诈勒索罪	2001 年 3 月 7 日，对陈信滔兄弟发出协查通报； 2001 年 3 月 27 日，陈信滔去警局报案，当天被审讯； 2001 年 10 月 17 日，开庭审理； 2001 年 11 月 9 日，案件退回补充侦查； 2004 年 3 月 4 日，被宣告无罪	否	812 天	冤案制造者王某某失势逃到美国（证据不足）	不明
78	杜光东	虚假出资罪、 挪用资金罪、 职务侵占罪	2004 年 4 月，一审判处有期徒刑 10 年； 2004 年 9 月，判处有期徒刑 10 年； 2004 年 12 月，判处有期徒刑 7 年； 2006 年 9 月 7 日，减刑提前释放； 2008 年 12 月 31 日，被宣告无罪	否	约 1170 天	证据不足	不明

续表

序号	姓名	罪名	判决情况	是否错杀	羁押时间	纠错原因	是否刑讯逼供
79	王国其	非法买卖枪支罪	2010 年 5 月 13 日，越秀区法院一审判处王国其有期徒刑 10 年； 2010 年 12 月 20 日，广州市中院二审裁定维持越秀区法院原判； 2013 年 4 月 16 日，广州市中院再审改判王国其有期徒刑 4 年； 2013 年 10 月 18 日，王国其以中止执行、取保候审的名义出狱； 2014 年 6 月 4 日，广东省高院撤销中院的再审判决，发回越秀区法院再审； 2014 年 11 月 26 日越秀区法院裁定，准许越秀区检察院撤回起诉	否	1825 天	疑罪从无	是
80	于　瑾	拒不执行判决、裁定罪	2006 年 3 月 22 日，一审判处有期徒刑两年； 2007 年 6 月 21 日，被宣告无罪释放	否	509 天	证据不足	不明
81	王景之	破坏军婚罪	1963 年 8 月 1 日，滨海县法院一审判处有期徒刑 2 年； 王景之上诉至盐城地区中级人民法院被驳回； 2011 年 4 月 15 日，盐城市中级人民法院撤销判决，发回重审； 2011 年 11 月 30 日，滨海法院维持原判； 2013 年 2 月 1 日，盐城市中级人民法院宣告无罪	否	730 天	证据不足	不明

二、我国81起刑事错案的案情及宣判时间等情况

表3-2　我国81起刑事错案的案情及宣判时间等情况统计表

序号	姓名	罪名	省/市	职业	作案时年龄(岁)	被抓获时间	一审宣判时间	案情概要	相反证据	定案证据
1	姜自然	故意杀人罪	湖南	农民	24	1992年2月19日	1994年6月23日	1992年2月1日下午6时30分左右，湘潭市外贸宿舍楼发生了一起凶杀案：年仅35岁的张某某和她5岁半的儿子唐某被砍死在家里，有人反映姜自然曾到被害人家打过麻将，因此，姜自然被列为嫌疑人进行传唤	4名证人证实没有作案时间	现场遗留的血鞋印，是送检的姜自然的鞋子所留
2	滕兴善	故意杀人罪	湖南	屠夫	39	1987年12月6日	1988年12月13日	1987年4月27日早晨，麻阳县城的锦江河边被人发现了一条人腿和被肢解的6块女性尸块。警方立即成立了“4·27特大杀人碎尸案”专案组，1987年12月6日，滕兴善在自己的肉铺里被警方带走。1988年10月26日，滕兴善被检察机关提起公诉	否	有罪供述

续表

序号	姓名	罪名	省/市	职业	作案时年龄(岁)	被抓获时间	一审宣判时间	案情概要	相反证据	定案证据
3	吴鹤声	故意杀人罪	湖北	职工		1991 年	1993 年 7 月 23 日	吴鹤声因“续弦”结识了谎称离婚的余某。1991 年 4 月 2 日 16 时许，余某突然找上门，邀吴鹤声同去广州发展，被吴婉拒后，余某当天晚上，被杀死在汉阳动物园。后，吴鹤声被确定为嫌疑人	多次有罪供述不一致	口供
4	佘祥林	故意杀人罪	湖北	治安巡逻员	28	1994 年 4 月 12 日	1994 年 10 月 13 日	1994 年 1 月 20 日，佘祥林的妻子张某某失踪后，其亲属怀疑是被佘杀害。同年 4 月 11 日，吕冲村一水塘发现一具女尸，经张的亲属辨认与张某某的特征相符，4 月 28 日，佘祥林因涉嫌杀人被批捕	有罪供述互相不同	不明

续表

序号	姓名	罪名	省/市	职业	作案时年龄（岁）	被抓获时间	一审宣判时间	案情概要	相反证据	定案证据
5	王洪学	故意杀人罪、保险诈骗罪	湖北	个体户			2003 年 10 月 9 日	武汉市汉正街的个体户王洪武的妻子桂某在租住地煤气中毒身亡。2002 年 10 月，王洪武曾为妻子投了 164 万余元的人身意外伤害保险。保险公司怀疑是一起骗保案，遂报警。警方传讯王洪武后，他“供认”伙同哥哥王洪学杀妻骗保	供述与常理案情不符	兄弟两人通话频繁
	王洪武			个体户						
6	刘翠珍	故意杀人罪	山西	农民	27	2003 年 5 月 30 日	2004 年 4 月 22 日	2003 年 4 月 30 日早晨 7 时许，刘翠珍的前夫在刘翠珍母亲家中毒身亡。同年 5 月 30 日，刘翠珍被公安机关以“涉嫌故意杀人罪”拘捕		不明
7	陈世江	故意杀人罪	山东	个体	22	1998 年 12 月 5 日	2001 年 3 月 23 日	1998 年 12 月 2 日，张某某发现其妻徐某某被人杀死在家里。12 月 3 日早晨，几名民警到陈世江家了解情况，发现写字台底下有一双皮鞋带走化验，5 日下午，陈世江被警察带走	不明	不明

续表

序号	姓名	罪名	省/市	职业	作案时年龄(岁)	被抓获时间	一审宣判时间	案情概要	相反证据	定案证据
8	崔宝富	故意杀人罪	山东	农民		1992 年 1 月 7 日	1992 年 6 月 18 日	1991 年 4 月 13 日凌晨，济宁市郊区南张乡翟家村村民翟某，窜至村委会主任翟某某家，将翟某某骗出后向他连刺四刀，造成翟某某失血性休克不治身亡。4 月 23 日翟某被依法逮捕。据翟某供认，他“雇用”了济宁市任城区长沟镇白果树村村民崔宝富一同杀死了翟某某。1992 年 1 月 7 日崔宝富被依法逮捕		“同案犯”口供
9	郭新才	故意杀人罪、放火罪	山东	退伍军人	42	1996 年 6 月 12 日	1997 年 1 月 28 日	1996 年 6 月 12 日凌晨，山东省莘县古城镇牛营村村民被一场火灾引发的惊呼闹醒。起火的是村民李某某家，火灭后，乡亲们发现她在卧室内被烧得面目全非。 莘县警方立即展开调查，侦查结论很快出来了，李某某是被人掐住颈部窒息而亡。与李某某共同生活了 7 年现又分手的郭新才马上引起了警方的注意		不明

续表

序号	姓名	罪名	省/市	职业	作案时年龄(岁)	被抓获时间	一审宣判时间	案情概要	相反证据	定案证据
10	李久明	故意杀人罪、非法持有、私藏枪支罪	河北	警察	37	2002年7月16日	2003年11月26日	2002年7月12日凌晨2时，民警宋某某起来关窗时，看见自己家里有一个身穿迷彩服的蒙面歹徒站在阳台上。宋某某刚一喊叫，便被歹徒扼住脖子并用凶器向她乱刺。其丈夫郭某闻声跑到阳台与歹徒厮打，郭某被刺成重伤。郭某夫妇被送进医院抢救脱险后，唐山市公安局南堡分局办案人员到医院询问案件情况，郭某夫妇怀疑此案是冀东监狱二支队政治处主任李久明所为	唯一一次有罪供述与现场勘验不符，无证明犯罪动机的证明，无作案时间，多次反映刑讯逼供	唯一一次有罪供述
11	徐东辰	强奸罪、故意杀人罪	河北	农民	25	1998年9月16日	1999年12月9日	1998年6月10日，邢台市隆尧县霍庄村沙某尸体被发现，经鉴定，死者系被人致昏后用钝器割断颈部而死，死者生前与人发生过性关系，因与死者体内残留物血型一致，1998年9月16日夜，徐东辰被警方带走	证实其无作案时间的证言未被采信，申请重新鉴定未准	徐东辰的血型为A型，与阴道残留物的血型一致

续表

序号	姓名	罪名	省/市	职业	作案时年龄（岁）	被抓获时间	一审宣判时间	案情概要	相反证据	定案证据
12	李春兴	故意杀人罪	河北	农民		2003年6月	2003年10月	2003年5月30日上午，李春兴看到原村支部书记李某义家的羊啃了自家枣树很生气，便找李某义理论，李某义不仅不认错，反而态度非常蛮横。当晚李春兴越想越气，找一把斧子砍毁了李某义家的四棵枣树。6月6日傍晚，李春兴被公安机关传唤，于是更加生气。便到现任村支部书记李某行等人处搜集原支部书记李某义在任时涉嫌违法乱纪的材料准备检举揭发他。就在当晚12时许，现任村支部书记李某行遇害		被告人口供

续表

序号	姓名	罪名	省/市	职业	作案时年龄(岁)	被抓获时间	一审宣判时间	案情概要	相反证据	定案证据
13	刘俊海	故意杀人罪、放火罪	河北	农民	19	1988 年 3 月	2003 年 4 月 29 日	1988 年新年将至，在外工作的刘俊海回家过年，几天后的 2 月 27 日，他的亲四叔刘某某家发生火灾，造成四死一伤。着火期间，刘俊海与母亲和弟弟正在家中睡觉，等他跑到现场才发现只幸存了四叔一人。之后村里开始谣传此事为刘俊海所为。过年后的一天，警察突然出现在刘俊海面前，并将他带回临漳县公安局	证人李某伪证，其他证据	
	刘印堂			农民	45					
14	刘志连（女）	故意杀人罪	河北	农民		2006 年 4 月 25 日	2009 年 8 月 17 日	2006 年同村村支部书记的儿子陈某某因服食毒鼠强死亡，刘志连被邯郸市涉县公安局怀疑为犯罪嫌疑人。并获取刘志连的有罪供述，因而启动了刑事诉讼程序	刘志连在被害人被害当天根本就没有见过被害人且所有公安局调取的所有证人证言都证明刘志连与被告人当天没有任何交集	

续表

序号	姓名	罪名	省/市	职业	作案时年龄(岁)	被抓获时间	一审宣判时间	案情概要	相反证据	定案证据
15	赵艳锦（女）	故意杀人罪	河北	农民	32	2001年10月15日	2005年12月23日	2001年9月24日19时左右，大河南村6岁的赵某某失踪。家人寻找一夜未果。第二天一早，赵某某的母亲李某某向安新县公安局报案。据警方调查，赵某某失踪前，在端村镇码头与同村人郭某某两岁的儿子玩耍，郭某某的母亲在一旁看护。19时许，郭某某将其子抱走，母亲也随之回家，此后赵某某去向不明。警方首先将侦查视线放在与李某某家有矛盾，可能杀害或拐卖赵某某的本地人员中。对门邻居赵艳锦成为调查对象		赵艳锦唯一一次有罪供述是在刑讯逼供下作出的；认定赵艳锦雇凶杀人的间接证据即郭某某的口供存在重大矛盾（郭某某曾交代是自己一人杀人）。两家虽有矛盾但早已解决
16	张新亮	故意杀人罪	河北	个体户		1999年10月20日	2001年3月27日	1999年10月15日，张新亮妻子韩某某失踪，家人一起寻找未果，最后，家人们一起到张新亮家，在张家东偏房发现韩某某倒在墙角处，已死亡		不明

续表

序号	姓名	罪名	省/市	职业	作案时年龄（岁）	被抓获时间	一审宣判时间	案情概要	相反证据	定案证据
17	赵作海	故意杀人罪	河南	农民	47	1999年5月9日	2002年12月5日	1998年2月15日，商丘市柘城县老王集乡赵楼村赵振某的侄子赵某某到公安机关报案，其叔父赵振某于1997年10月30日离家后已失踪4个多月，怀疑被同村的赵作海杀害，公安机关当年进行了相关调查。1999年5月8日，赵楼村在挖井时发现一具高度腐烂的无头、膝关节以下缺失的无名尸体，公安机关遂把赵作海作为重大嫌疑人于5月9日刑事拘留		不明
18	秦艳红	强奸罪、故意杀人罪	河南	农民	25	1998年8月4日	1999年10月8日	1998年8月3日中午，曲沟镇东高平村死了一个少妇，名字叫贾某某，时年30岁。当时，贾某某是在村西自留地旁被人扼颈杀死的。秦艳红所在的村庄和贾某某的村子相邻。8月4日，秦艳红被带走，3天后，公安局以涉嫌故意杀人罪将秦艳红刑事拘留		3名小学生看到秦艳红在案发现场附近出现过。有罪供述

续表

序号	姓名	罪名	省/市	职业	作案时年龄(岁)	被抓获时间	一审宣判时间	案情概要	相反证据	定案证据
19	张从明	抢劫罪、故意杀人罪	河南	农民	31	1997 年 3 月 12 日	1997 年 9 月 1 日	1997 年 3 月 8 日下午，孟某应邀去朋友家吃饭，同事殷某独自值班。“熟人”用砖头将殷某砸昏，卡住脖子，抹布捂嘴，再用尼龙绳将殷某勒死。此后，“熟人”撬开钱箱，抢走 4 万元后逃离现场。抓获张从明当天，办案民警从张从明身上搜出赃款 1445 元；同年 3 月 28 日，民警从赃款中“找出”了一张带血的百元钞票。经鉴定，血迹与死者殷某相吻合	始终说不出 4 万元赃款下落	被抓 16 天后从赃款中找出一张带血钞票，血迹与死者殷某相吻合
20	张绍友	故意杀人罪、强奸罪	河南	农民	45	2000 年 2 月 3 日	2002 年 1 月	1999 年 12 月 3 日，张某失踪（其和张绍友同住），2000 年 1 月，村民在一口机井中发现一名女尸，死者证实是张某，并且凶犯与死者发生过性行为，根据现场情况判断为熟人作案，张绍友被列为嫌疑人		不明

续表

序号	姓名	罪名	省/市	职业	作案时年龄(岁)	被抓获时间	一审宣判时间	案情概要	相反证据	定案证据
21	李怀亮	故意杀人罪	河南	农民		2001 年 8 月 7 日	2003 年 9 月 19 日	2001 年 8 月 2 日晚，河南叶县某村村民郭某去村北沙河堤上摸“爬了狗”（知了的幼虫，有人收购）未回。后经公安机关调查，确认郭某被害并被抛尸入河。在排查中，李怀亮因当晚也在案发现场附近摸过“爬了狗”而被公安机关带走。同年 8 月 7 日，李怀亮因涉嫌故意杀人罪被刑事拘留。9 月 13 日，李怀亮被批准逮捕		不明
22	杨波涛	故意杀人罪	河南	个体工商户	26	2004 年 7 月 5 日	2005 年 9 月 1 日	杨波涛妹妹出于好心，想让被害人留宿，却得到被害人失踪的消息，之后警方找到被害人被切割的尸体，杨波涛被列为嫌疑人		

续表

序号	姓名	罪名	省/市	职业	作案时年龄(岁)	被抓获时间	一审宣判时间	案情概要	相反证据	定案证据
23	马廷新	故意杀人罪	河南	下岗职工		2002年8月	2004年7月23日	2002年5月30日晚10点左右，河南省浚县黎阳镇东马庄村发生一起灭门血案，村民陈某某及其7岁的儿子马某、4岁的女儿马某某在家中被杀。经法医鉴定：陈某某、马某系他人用锐器切断左颈动脉，致大失血而死亡；马某某系他人用单刃刺器刺入颈椎致脊髓损伤而死亡	律师指出本案有27处疑点；无作案时间；无凶器与血衣等关键物证	不明
24	李 杰	故意杀人罪	四川		17	1995年10月26日	1996年11月30日	1993年11月28日晨，宜宾市菜坝镇菜坝村一位老农在路经宜宾机场跑道北侧一草坪时，见一男一女蜷缩在草坪上，走近看时，才发现这两人血流满面，早已气绝。1995年9月，在双尸案发两年之后，经“群众举报”，嫌疑人进入警方视线		不明
	黄德海									
	何 军									
	黄 刚									

续表

序号	姓名	罪名	省/市	职业	作案时年龄(岁)	被抓获时间	一审宣判时间	案情概要	相反证据	定案证据
25	杜培武	故意杀人罪	云南	民警		1998年4月22日	1999年2月5日	1998年4月20日下午19时左右，昆明市公安局通讯处民警王某湘及昆明市石林县公安局副局长王某波被人枪杀，后二人尸体被人发现置于一辆牌照号为云O·A0455的昌河微型警车上，载尸汽车被人从第一现场移动弃置于昆明市圆通北路40号一公司门外人行道上。4月22日下午，犯罪嫌疑人、昆明市公安局戒毒所民警杜培武被拘押讯问，7月2日被刑事拘留		不明
26	孙万刚	强奸罪、故意杀人罪	云南	大学生	21	1996年1月3日	1996年9月20日	1996年1月3日下午6点30分左右，公安局接到一名中学生的电话报警，称在巧家县丝厂附近发现一具女尸。经查，死者陈某某遭人奸淫后被勒昏，被刀割开颈部死亡。公安机关发现陈某某的男友孙万刚有重大嫌疑	现场有第三人的有机玻璃纽扣和皮带扣，凶器刀和被割器官没有找到	有罪供述

续表

序号	姓名	罪名	省/市	职业	作案时年龄(岁)	被抓获时间	一审宣判时间	案情概要	相反证据	定案证据
27	尹用国	故意杀人罪	云南	农民	55	2004 年 4 月 29 日	2004 年 12 月	2004 年 4 月 2 日，云南省德宏傣族景颇族自治州梁河县一村庄发生一起凶杀案，雷某某母子被人杀害，家属悲痛欲绝，请求警方尽快捉拿凶手。死者家属和村民提供了一条重要线索：八年前，雷某某曾遭尹用国强奸。为此，尹用国还坐过牢。刑满释放后，尹用国对雷某某耿耿于怀。还有村民“举报”：案发当天，看到过尹用国路过案发地点，手里好像还拿着锄头	供述与案情不符	不明
28	陈金昌	抢劫罪、故意杀人罪	云南	农民		1995 年 5 月 11 日	1995 年 11 月 3 日	1995 年四五月份，富源县 320 国道沿线连续发生了几起抢劫案，其中包括秦某某被抢案和凡某某被抢劫致死的“5·9”案。重案频发，公安机关压力很大。“4·23”抢劫案的被害人秦某某指认是姚泽坤等四人实施抢劫	无	被害人秦某某指控，四份“有罪供述”
	温绍国			农民		1995 年 5 月 11 日				
	温绍荣			农民		1995 年 5 月 14 日				
	姚泽坤			农民		1995 年 5 月 13 日				

续表

序号	姓名	罪名	省/市	职业	作案时年龄(岁)	被抓获时间	一审宣判时间	案情概要	相反证据	定案证据
29	高进发	强奸罪、故意杀人罪	陕西	农民	41	2002年3月11日	2002年10月24日	2002年3月6日，陈村12岁的幼女李某与两名同龄女伴放学后在大门口跳皮筋，晚8时许，李某跑到附近一个小巷口解手（上厕所），此后就失踪了。次日上午，在该村村北一眼机井内找到了其尸体，后经公安机关认定，李某是被强奸后投入机井的。2002年3月11日，根据村民举报，高进发被传唤审查。3月22日因涉嫌强奸杀人被刑事拘留，4月3日被批准逮捕	一审被判处死缓后9位群众代表联名上书证明高进发无作案时间	现场布鞋足迹
30	王元松	故意杀人罪	贵州六盘水市	工头		2004年8月14日	2005年4月16日	2004年8月，贵州六盘水六枝特区新华乡青年左某在一场施工纠纷中死亡，工头王元松被指为凶手，随后六枝特区警方将其刑拘，六盘水市检察院将其批捕和提起公诉	不明	证词

续表

序号	姓名	罪名	省/市	职业	作案时年龄(岁)	被抓获时间	一审宣判时间	案情概要	相反证据	定案证据
31	叶求生	故意杀人罪	福建	个体		1994年3月14日	1996年	1994年3月12日这天，石狮某公园内发现一具男尸。警方在清理现场时，发现尸体的口袋里塞着一张写有叶求生呼机号码的纸条，于是叶求生就成了嫌疑对象	不明	不明
32	覃俊虎	抢劫罪、故意杀人罪	广西	农民		1999年	1999年12月29日	1999年2月10日晚12时许，河池市东江中学老师覃某某开二轮摩托车搭女友张某，从河池市区返校途经“东棉坳”路段时，被两个青年抢劫，身中36刀后被抢走110多元钱和一部寻呼机。案发同时，覃某某的女友张某跑到一石灰厂用电话向东江中学校长覃某修报告，覃某修向东江派出所报案。东江中学立即组织住校老师赶到现场，与派出所的民警一起，在该坳半坡找到覃某某，并送到河池市医院急救。经法医鉴定，覃某某系重伤。公安机关怀疑是家住河池市金城江区东江镇农民覃俊虎、兰永奎作案，并将两人拘留，后由检察机关批捕并提起公诉	不明	不明
	兰永奎			农民		1999年				

续表

序号	姓名	罪名	省/市	职业	作案时年龄(岁)	被抓获时间	一审宣判时间	案情概要	相反证据	定案证据
33	贺柳德	故意杀人罪	广西	个体户		2004年11月2日	2005年7月	1997年5月，柳州市发生一起强奸杀人案，一名女子韦某在出租屋里被人杀害。当地警方在现场从屋外通往厨房窗口的下水管道上提取到了两枚汗垢指纹。2004年底，警方通过指纹比对，认定这两枚指纹与贺柳德的指纹相同，遂于当年11月2日对其刑事拘留	室内足印无合法性	两次有罪供述、指纹
34	邓立强	故意杀人罪	广西	个体户		2001年11月27日	2002年12月18日	2001年邓立强所在的村庄发生了一起凶杀案，同年11月27日，武鸣县公安局以邓立强涉嫌故意杀人给予其刑事拘留，同年12月30日逮捕	不明	不明

续表

序号	姓名	罪名	省/市	职业	作案时年龄（岁）	被抓获时间	一审宣判时间	案情概要	相反证据	定案证据
35	徐　辉	强奸罪、故意杀人罪	广东省珠海市			1998 年 9 月 17 日	2001 年 5 月 9 日	1998 年 8 月 25 日清晨，珠海市小林镇出现一具裸体女尸。很快，有人认出，死者是住在附近的居民严某。珠海警方在案发后第一时间启用警犬协助破案。很快，两只警犬循着气味追踪“凶手”到同一地点小林镇劳动服务站，时任小林镇劳动服务站副站长的徐辉家，就在服务站二楼南侧。徐辉遂被纳入侦查机关的怀疑视线	不明	不明

续表

序号	姓名	罪名	省/市	职业	作案时年龄(岁)	被抓获时间	一审宣判时间	案情概要	相反证据	定案证据
36	孙邵华	故意杀人罪	吉林	农民	24	1989 年 11 月 23 日	1997 年 8 月 27 日	1989 年 11 月 9 日夜，蛟河市新站镇蔬菜村 8 社村民李某兄妹 3 人被杀死在家中。而且歹徒还点火焚尸。公安机关确定的 3 个重点嫌疑人，其中就有该村村民孙邵华。公安机关认为，当年 24 岁的孙邵华和李某妹妹李某红正在恋爱，而且孙邵华曾和李某一起盗窃一家酒厂的铜铁，曾被判入狱 4 年，案发后，李某红因不在家幸免于难，但孙邵华却再也不去李家了。因此，警方于 1989 年 11 月 23 日将孙邵华收容审查	不明	不明
37	王海军	故意杀人罪	吉林	工人	26	1986 年 10 月 23 日	1987 年 3 月 23 日	1986 年 10 月 15 日，王海军妻子张某某失踪，第二天去报警，几天后，后山上发现一名女尸，证实是张某某，随后公安部门对嫌疑人进行了排查，一一被排除后，王海军成为嫌疑对象	不明	有罪供述

续表

<table>
<tr><th>序号</th><th>姓名</th><th>罪名</th><th>省/市</th><th>职业</th><th>作案时年龄（岁）</th><th>被抓获时间</th><th>一审宣判时间</th><th>案情概要</th><th>相反证据</th><th>定案证据</th></tr>
<tr><td>38</td><td>杨云忠</td><td>故意杀人罪</td><td>黑龙江</td><td>工人</td><td>25</td><td>1994 年 12 月 2 日</td><td>1996 年 9 月</td><td>1994 年 11 月 15 日晚 9 时许，肇东皮毛厂墙外公共厕所里，发生了一起杀人案。被害人赵某系皮毛厂工人，警方认定为情杀的可能性大，杨云忠被认为是犯罪嫌疑人</td><td>张某证实杨云忠无作案时间</td><td>鞋上的血迹</td></tr>
<tr><td rowspan="2">39</td><td>王有恩</td><td>故意杀人罪</td><td rowspan="2">黑龙江</td><td rowspan="2"></td><td rowspan="2"></td><td rowspan="2">1994 年 10 月 7 日</td><td rowspan="2">1996 年 7 月 2 日</td><td rowspan="2">1994 年 10 月 7 日，一老汉在牡丹江江边发现一编织袋内装有一具只有上身躯干的男尸。牡丹江第八水泥厂出具了本厂工人王某失踪的证明。警方让王某前妻李某辨认。李某仅以其生殖器是包茎这唯一征状作了指认。在还没有来得及对尸体进行认证的时候，警方得到举报：失踪者王某与邻居王有恩之妻有不正当关系，王有恩怀恨在心，有杀人动机。当天下午 4 时，警方将王有恩和他妻子米巧玲带走</td><td rowspan="2">24 个证人无一个目击者</td><td rowspan="2">不明</td></tr>
<tr><td>米巧玲</td><td>包庇罪</td></tr>
</table>

续表

序号	姓名	罪名	省/市	职业	作案时年龄(岁)	被抓获时间	一审宣判时间	案情概要	相反证据	定案证据
40	陈琴琴	故意杀人罪	甘肃	农民	52	2009年9月26日	2010年11月9日	陈琴琴与毛某巧因琐事吵架，第二天晚上7点半钟，毛某巧12岁的养女晓某在放学到家不久后身亡。侦查机关认定，她死于毒鼠强中毒。陈琴琴有重大嫌疑	不明	口供
41	费　琴	故意杀人罪	江西	个体		2004年9月5日	2006年4月26日	经侦查，费琴的丈夫徐某某是2004年9月2日在自己家中被害的，即是费琴与丈夫发生口角的当天。费琴当即就被警方列为犯罪嫌疑人	不明	有罪供述
	费志标			个体		2004年9月13日				
42	张　辉	故意杀人罪	浙江	货车司机		2003年5月23日	2004年4月21日	2003年5月23日夜，杭州警方将货车司机张高平和张辉叔侄双双刑事拘留，宣布他们需对王某之死负责	技侦人员没有在车上查到任何痕迹物证，死者的指甲做DNA鉴定也与二人无关	不明
	张高平									

续表

序号	姓名	罪名	省/市	职业	作案时年龄(岁)	被抓获时间	一审宣判时间	案情概要	相反证据	定案证据
43	陈建阳	故意杀人罪	浙江	宾馆门卫	20	1995年12月	1997年7月11日	1995年3月20日，萧山农垦一场发生出租车劫杀案，司机徐某某遇害，财物被抢。8月12日，萧山坎山镇清风加油站东侧路段，又一名叫陈某的出租车司机被杀害。同年10月，田孝平被警察带走	只有口供，没有相应物证	未经指纹鉴定的一块石头
	田伟东			饭店厨师	21	1995年12月				
	王建平			水电工人	19	1995年12月				
	朱又平			轧钢厂工人	20	1995年12月				
	田孝平				18	1995年10月5日				
44	庞成师	故意杀人罪	海南	农民		1998年3月16日	2000年12月7日	1998年3月13日下午4时许，临高县一村民宠某，到村外的树林中抓野猫时，发现离村一公里处的草丛中有一具腐烂的女尸。死者哥哥告诉警方，妹妹失踪的当天（1998年2月10日），他看到同村人庞成师和其家人拿着钩刀去地里砍甘蔗，而庞成师的甘蔗地就在妹妹遇害现场附近。警方根据死者哥哥提供的线索，对庞成师展开了调查	无直接证据，间接证据不能形成证据链	不明

续表

序号	姓名	罪名	省/市	职业	作案时年龄（岁）	被抓获时间	一审宣判时间	案情概要	相反证据	定案证据
45	黄家光	故意杀人罪	海南		22	1996年端午节	2000年7月11日	1994年7月5日，琼山市东山镇两村的村民因琐事结怨，双方发生扭打，其中一方甚至动用了刺刀、棍棒、锄头等工具。最终，这场冲突导致对方一人重伤，一人死亡。而后，新岭冲村村民黄家光被列为犯罪嫌疑人之一	没有作案时间	证词
46	王什彩	故意杀人罪	安徽	农民	59	2009年2月中旬	2009年10月21日	2008年12月2日凌晨，大周村一家楼板厂值班室内，值班的王某遇害，凶手残忍地捅了王某20多刀。命案在当地影响极其恶劣。案发后，警方立即赶到现场调查，过了两个多月，未获重大进展。警方曾怀疑过王什彩。不过，王什彩坚称没作案。警方又让他回家了。2009年2月中旬的一个晚上，正在睡梦中的王什彩被警方带走	不明	不明

续表

序号	姓名	罪名	省/市	职业	作案时年龄(岁)	被抓获时间	一审宣判时间	案情概要	相反证据	定案证据
47	于英生	故意杀人罪	安徽	蚌埠市东市区区长助理	34	1996年12月22日	1998年4月7日	1996年12月2日，蚌埠市东市区原区长助理于英生之妻韩某被发现在家中遇害。20天后，其丈夫于英生涉嫌故意杀人被批捕	不明	于英生的口供
48	代克民	故意杀人罪	安徽	老师	45	2006年9月27日	2009年11月25日	2002年8月4日凌晨2点多，前代庄村民代某及其女、其爷爷被人杀害，凶手又来到其父母代某亮、胡某荣处行凶，致两人重伤。案发后，数十名村民被带到乐土镇派出所，案发约10天后，蒙城警方悬赏征集与本案有关的线索。2006年9月21日上午8点多，身为教师的代克民正在乐土镇中学给学生上课，被派出所叫去问话。2006年9月27日刑事拘留	被告人在侦查阶段均时供时翻，庭审时均翻供，供述之间多处矛盾点不能得到合理排除，且无客观证据相印证，根据被告人供述的作案凶器，与侦查机关的伤情鉴定及凶器推断不吻合	菜刀与口供
	李保春									
	李　超									

续表

序号	姓名	罪名	省/市	职业	作案时年龄(岁)	被抓获时间	一审宣判时间	案情概要	相反证据	定案证据
49	王本余	故意杀人罪	内蒙古		40	1994年12月16日	1996年1月	1994年12月15日，下午五六点，王本余蹬着三轮车回家。李某某（与王本余合租）告知王本余自己杀了人，并威胁不许报案，王本余帮忙处理尸体，次日，警方带走王本余	不明	证人指认
50	呼格吉勒图	流氓罪、故意杀人罪	内蒙古呼和浩特		18	1996年4月	1996年5月23日	1996年4月9日，呼和浩特卷烟厂工人呼格吉勒图和工友闫某向警方报案，在烟厂附近的公厕内发现一具下身赤裸的女尸。48小时后，负责该案的呼和浩特公安局新城分局办案人员认定，呼格吉勒图在女厕对死者进行流氓猥亵时，用手掐住死者的脖子致其死亡	被害人血样来源不明	不明

续表

序号	姓名	罪名	省/市	职业	作案时年龄(岁)	被抓获时间	一审宣判时间	案情概要	相反证据	定案证据
51	童立民	故意杀人罪	重庆	工人	32	1995年3月9日	1999年10月	1995年2月25日，其大哥童某某出差回家发现保姆某凤不见了，遂于2月28日报案。同时，童立民为上班方便住到大哥家。3月9日晚童某某整理房间时，发现卧室顶柜有两只桶和一个盆，上有脏衣遮盖。童某某掀开衣服，一只人手赫然显现，童某某慌忙报案。经警方勘查，现场有碎尸40余块，除盆桶中外，在童立民睡了九晚的床下，还找到死者某凤的躯干。两兄弟当天被关押，之后，童某某被释放	不明	两次有罪供述

续表

序号	姓名	罪名	省/市	职业	作案时年龄(岁)	被抓获时间	一审宣判时间	案情概要	相反证据	定案证据
52	常林锋	故意杀人罪	北京	报社副总编辑			2010年5月5日	2007年5月16日凌晨5时许，中央财经大学家属院的李先生起床时，看见对面的家属楼有一个单元着火了，烟很大，他赶紧拨打报警电话。此时，起火楼内的很多居民都已被烟熏醒。辖区消防队接电话后出警，消防员于5时14分到达火场。三四分钟后，火势得到控制。消防员用消防钩检查地上是否有余火时，发现在一层楼梯拐角处，有一具烧焦的尸体。消防员未再移动尸体，叫来了警察。种种迹象表明，这场火着得蹊跷。警方认为常林锋有重大作案嫌疑	现场未发现常林锋有罪供述中所说的物品，且多次有罪供述不一致	尸检报告称“不排除马某某被扼压或掐勒颈部致机械性窒息死亡”

续表

序号	姓名	罪名	省/市	职业	作案时年龄（岁）	被抓获时间	一审宣判时间	案情概要	相反证据	定案证据
53	刘吉强	故意杀人罪	吉林	股票投资	34	1998年2月16日	2002年11月25日	1998年2月，吉林省吉林市发生一桩凶杀案。案发后，刘吉强被传唤，在公安局失去人身自由的7天时间里，他供述了杀害女性朋友郭某某的详细过程，但进看守所后，刘吉强即翻供，并控告警方刑讯逼供，所有杀人供词全是毒打所致	有罪供述与案情不符，作案时间不充足	有罪供述
54	杨明银	抢劫罪（杀人）	湖南	农民		1996年11月6日	2000年1月20日	1995年4月8日，湖南省慈利县宜冲桥乡沙刀村村民杨某某、黄某某，被人入室抢劫杀死，尸体被丢进马路下的涵洞。案件一直无进展，一年后，有人突然举报曾有前科的慈利县宜冲桥乡沙刀村人杨明银，警察吴某某对其调查		有罪供述

续表

序号	姓名	罪名	省/市	职业	作案时年龄(岁)	被抓获时间	一审宣判时间	案情概要	相反证据	定案证据
55	欧阳佳	抢劫罪	湖南		19	2009年7月2日	2009年12月20日	抢劫嫌疑人某辉抢劫作案时被抓获，后供述称欧阳某（欧阳佳哥哥）为同案犯，民警到欧阳某家未找到欧阳某，遂把欧阳佳带走询问，后被确定为嫌疑人		“同案犯”口供
56	郝金安	抢劫罪（杀人）	河南	农民	38	1998年1月24日	1998年11月18日	1998年1月19日，郝所在的全湾子煤矿河南舞阳籍矿工刘某被人用刀杀死，警方将此案定性为恶性抢劫杀人。1月24日晚8时许，郝金安被台头镇派出所几名民警叫走，民警同时在他的住处找到了和现场脚印吻合的一双鞋及一件带有血迹的衬衣	无作案时间、动机。提出牛某（真凶之一）有嫌疑，不被重视	认识被害人

续表

序号	姓名	罪名	省/市	职业	作案时年龄(岁)	被抓获时间	一审宣判时间	案情概要	相反证据	定案证据
57	胥敬祥	抢劫罪、盗窃罪	河南	农民		1992年4月1日	1999年3月7日	1991年春节，河南省周口市鹿邑县杨湖口乡发生了10多起入室抢劫案。当地群众人心惶惶，也给警方带来了巨大的压力。由于被害者提供不了有价值的线索。侦破工作一度陷入了僵局。而后胥敬祥因穿着一件绿毛背心与被抢的毛背心同款被列为嫌疑人	无作案时间、条件	不明
58	王江峰	抢劫罪	陕西省铜川市		35	2011年12月2日	2012年5月21日	被害人张某与王江峰关系为“网恋”，约好见面，后被指抢劫		

续表

序号	姓名	罪名	省/市	职业	作案时年龄（岁）	被抓获时间	一审宣判时间	案情概要	相反证据	定案证据
59	张光祥	抢劫罪	贵州	农民	33	2003年11月3日	2006年6月7日	1999年12月9日，被害人许某在织金县八步镇街上其私人诊所内被害，公安机关立案进行侦查至2002年仍未侦破。2003年，公安机关得知张光祥与许某平时关系较好，但许某死后其未去看望及参加葬礼。公安机关因此认为张光祥有作案嫌疑而于2003年11月1日将其刑事拘留	口供不一致，不能形成证据链	口供
60	史延生	抢劫罪（杀人）	黑龙江	工人		1993年12月23日	1994年11月4日	1993年12月22日18时许，哈尔滨铁路分局肇东车务段工人史延生，来到距离他家不足100米的肇东市黑天鹅第二录像厅，借了一盘《走上不归路》的录像带回到家中，与母亲殷某某、妻子王某某、表妹殷某艳一同看完后，在20时左右由史延生去录像厅还了录像带。当天夜里，录像厅的值班员孙某某被杀。第2天，肇东市公安局根据这一线索，以了解情况为由，把史延生带到了公安局	不明	有罪供述

续表

序号	姓名	罪名	省/市	职业	作案时年龄(岁)	被抓获时间	一审宣判时间	案情概要	相反证据	定案证据
61	刘荣彬	抢劫罪	海南	农民		2000年1月	2001年5月14日	1999年5月25日早晨，儋州大通路125号发生一起凶杀案，39岁的女主人邱某被人用钝器暴力击打头部死亡，家中1000多元现金被抢，此案公安机关久侦未破。2000年10月，有人举报：刘荣彬曾亲口说过此案是他所为。于是公安部门迅速将其拘捕。在预审过程中，刘荣彬承认此案是他所为	疑点多，不能形成证据链	不明
62	黄亚全	抢劫罪	海南	农民		1993年11月8日	2000年	1993年8月22日晚9时许，万宁县南林农场橡胶厂发生一起盗胶杀人案，死者为胶厂值班员郭某。当晚，万宁县公安局以涉嫌故意杀人罪对本县南桥乡高龙村委会高田下村村民黄亚全、黄圣育收容审查，同年11月8日经万宁县检察院批准逮捕	不明	不明
	黄圣育			农民						

续表

序号	姓名	罪名	省/市	职业	作案时年龄(岁)	被抓获时间	一审宣判时间	案情概要	相反证据	定案证据
63	宋保民	强奸罪	河北	农民	44	2000年8月19日	2000年12月12日	2000年8月19日，邻居一女青年报案，称宋保民夜闯住宅，企图对她进行强奸。随后宋保民被收押	原审法院采信县公安局的鉴定，不采信公安部的鉴定	布鞋鉴定
64	孟存明	强奸罪	河北	工人	20	1995年10月31日	1997年1月15日	1995年10月30日晚上，白庙滩乡一名女中学老师被强奸。孟存明被张北县公安局认定为嫌疑人。1995年11月9日，孟存明被批准逮捕	多名同事证实孟存明无作案时间。身高不符，不会讲普通话	不明
65	刘　前	强奸罪	河北	个体	30	1998年4月14日	1998年7月29日	1998年4月10日晚8时30分，被害人王某到张北县张北镇派出所报案称，被人强奸未遂……并称作案人推一辆自行车，黑色大车子。他骑车跑时车上掉下一个尼龙编织袋。后经王某指认刘前是对其强奸未遂之人	目击证人马某几次辨认均称“挺像”，一直不能确定其当时看到的作案者是刘前	被害人王某的指认

续表

序号	姓名	罪名	省/市	职业	作案时年龄（岁）	被抓获时间	一审宣判时间	案情概要	相反证据	定案证据
66	徐计彬	强奸罪	河北	教师	26	1991年4月	1992年8月23日	1990年12月3日，徐计彬的邻居尚某某报案称自己在家中被人强奸，公安部门迅速介入展开调查。案发现场的被褥上留有精斑，法医鉴定结果显示，现场精斑化验血型为B型。4个多月后，徐计彬因涉嫌入室强奸被逮捕	徐的血型是O型，不是B型	血型和精斑都是B型
67	张保银	强奸罪	河南	农民	49	1982年7月28日	1981年3月5日	1982年6月13日，驻马店上蔡县发生一起强奸未遂案，当时49岁的张保银就住在案发人家不远处。出事的家人第二天报警说，女孩挣扎时，把那人抓伤了，还咬伤了那人的左手食指。女孩觉得那人好像是长头发，约三十岁。7月28日下午3点，上蔡县公安局的两个民警找到张保银。第二天，他就被关进了上蔡县看守所。之后张保银才知道，民警之所以抓他，就是因为他身上、手上正好有伤，而他家和出事人家又是邻居		不明

续表

序号	姓名	罪名	省/市	职业	作案时年龄(岁)	被抓获时间	一审宣判时间	案情概要	相反证据	定案证据
68	张金波	强奸罪	黑龙江	民警	32	1995年5月31日	1998年10月26日	1995年5月12日，张金波来到郭某的小饭店检查，发现聚众赌博，执行公务时与郭某等人发生撕抢，后把他们带回派出所，郭某等控告张金波要流氓。5月31日下午，郭某又到哈尔滨市公安局南岗分局控告张金波，说他在1995年3月至5月间强奸了她3次。当晚6时，张金波被刑事拘留	不明	不明
69	裴树唐	强奸罪	甘肃	文化馆干部	32	1986年8月	1986年12月17日	1986年8月5日下午3时许，裴树唐召集部分文艺骨干，在自己的办公室内研究安排参加9月职工业余文艺表演的有关事宜。因业余歌手刘某某在练唱时存在吐字归音和气息方法上的错误，会后裴树唐为其单独做业务辅导，下午7时许辅导结束，刘某某即告辞回家。事隔9天后，刘某某在其未婚夫的陪同下，突然以强奸罪对裴树唐进行控告	不明	不明

续表

序号	姓名	罪名	省/市	职业	作案时年龄(岁)	被抓获时间	一审宣判时间	案情概要	相反证据	定案证据
70	王俊超	奸淫幼女罪	河南	农民	19	1999年6月	1999年11月24日	1999年6月15日凌晨，河南省禹州市某乡村民家发生了奸淫幼女案。因为被奸淫的幼女一句含糊其辞的话，王俊超被公安民警带到了花石派出所		不明
71	吴昌龙	爆炸罪	福建	司机	25	2001年7月27日	2004年12月1日	2001年6月24日早上6点到8点，福清纪委信访接待室门前地上有一包裹。至少还有6个人先后见过，包括纪委干部和清洁工。8点43分，吴某某蹲下打开邮包的时候，爆炸装置被触发了。吴某某当场倒在血泊中，爆炸造成他重度开放性颅脑损伤，当场死亡。吴昌龙被怀疑爆炸案疑犯	不明	不明

续表

序号	姓名	罪名	省/市	职业	作案时年龄(岁)	被抓获时间	一审宣判时间	案情概要	相反证据	定案证据
72	叶烈炎	爆炸罪	江西	农民		2002年9月24日	2003年11月10日	2002年9月12日晚上，江西省乐平市双田镇横路村数十位村民正聚在一片空地上赌博，忽然，赌博现场发生了爆炸，在轰隆的爆炸声中，数十位村民都不同程度地受到了伤害，乐平市公安局，刑警大队经过侦查后，认定叶烈炎是犯罪嫌疑人	不明	9次有罪供述等
73	董文栁	贩卖毒品罪	浙江	厂长		1994年12月14日	1997年5月	1994年12月14日，浙江苍南县灵溪镇南海棉塑制品厂厂长董文栁，正在苍南县灵溪镇学驾驶，遇上了老熟人，苍南县公安局缉毒科民警林某。当时林某叫他“一起吃饭去”，可他一进公安局，就被告之，“因涉嫌参与贩毒团伙”，被捕了	不明	无人证（只有被告人口供）、无任何物证、无相关书证、无鉴定结论

续表

序号	姓名	罪名	省/市	职业	作案时年龄(岁)	被抓获时间	一审宣判时间	案情概要	相反证据	定案证据
74	吴向明	贪污罪、妨害作证罪	山西	公安局副局长	40	1999年6月15日	2000年6月	1999年6月15日，当时40岁出头的吴向明是河津市公安局最年轻的副局长。河津市检察院以贪污罪对吴向明提起公诉，指控其借负责公安局巡警队设卡值勤的机会，将114000元劳务费据为己有；在担任清涧派出所所长期间，将清涧镇政府的5万元经费据为己有，两项共计贪污164000元		不明
75	涂景新	贪污罪	江西	民营企业家		1999年10月19日	2003年5月19日	涂景新是江西省新大地实业发展总公司的法定代表人、总经理，由于涉嫌贪污2000余万元、挪用公款600余万元等而于1999年11月5日被捕	不明	不明

续表

序号	姓名	罪名	省/市	职业	作案时年龄(岁)	被抓获时间	一审宣判时间	案情概要	相反证据	定案证据
76	张军	受贿罪、诈骗罪、教唆拒不执行法院判决罪	山西	律师	40	1990年6月8日	1991年1月	张军作为庞家峪村的代理人，由于县政府下文，把庞家峪村全村人赖以生存的500亩河滩地给了安坪乡政府，张军起诉至法院，法院判决庞家峪村败诉。后又上诉，二审维持原判。后张军邀请省人大法工委、省政府土地局和法律相关人士等14个单位，在省政协对庞家峪土地纠纷案研讨论证，与会者认为法院的判决是错误的。后张军被捕		不明
77	陈信滔	敲诈勒索罪	福建	商人		2001年3月27日		2001年2月20日晚，徐某某多次打电话给卞某某、陈信滔，约他们在旧车交易市场商讨事情，卞某某应约而至，而陈信滔因外出关掉手机而没有接到邀约。卞某某遇害，陈信滔被构陷为“敲诈勒索罪”，遭刑事拘留	不明	不明

续表

序号	姓名	罪名	省/市	职业	作案时年龄(岁)	被抓获时间	一审宣判时间	案情概要	相反证据	定案证据
78	杜光东	虚假出资罪、挪用资金罪、职务侵占罪	广西	科学家、博士		2002 年 8 月	2004 年 4 月 26 日	1999 年，在深圳首届高交会上，广西北海银湾科技公司找上门来，要求与杜光东的深圳锐博公司合作，后双方约定深圳锐博以无形资产和相关设备合计 846 万元入股北海银湾，为第一大股东。相关法律文书显示，信控机投入批量生产后，北海银湾多次以各种理由要求深圳锐博退出，被杜光东拒绝。2002 年 8 月，北海公安部门以“涉嫌挪用资金”为名拘留杜光东，33 天后，因不属北海管辖，杜光东被放出。2003 年 7 月，北海再次以“涉嫌虚假出资”将其关进看守所	不明	不明
79	王国其	非法买卖枪支罪	广东省广州市	个体工商户		2009 年 10 月 19 日	2010 年 5 月 13 日	2009 年 10 月，在广州一德路玩具市场卖了一个月仿真枪的王国其被警方带走，让他意外的是，他摆摊贩卖的 20 支仿真枪，有 18 支被鉴定为真枪，而这些枪在他眼里，不过是一些伤不了人的玩具	不明	不明

续表

序号	姓名	罪名	省/市	职业	作案时年龄(岁)	被抓获时间	一审宣判时间	案情概要	相反证据	定案证据
80	于　瑾	拒不执行判决、裁定罪	辽宁	董事长		2005年10月6日	2006年3月22日	2005年5月8日，于瑾被辽宁省抚顺市顺城区公安分局网上通缉。在《在逃人员信息登记表》“案件类别”一栏上写道：拒不执行判决、裁定案，涉黑。还在“在逃类型”一栏写道：刑拘在逃。2005年10月6日，于瑾被顺城区公安分局以涉嫌拒不执行判决、裁定罪刑事拘留	不明	转让车辆时不知道被查封
81	王景之	破坏军婚罪	江苏	米厂会计		1963年1月5日	1963年8月1日	1963年1月5日下午3点，当时只有27岁的王景之被厂革委会主任叫到会议室。厂革委会主任当即宣布：王景之被人举报与一位军人的妻子通奸，并生有一子。随后他被滨海法院的法警带走了	赵某某将孩子送给他人抱养时，已明确告知该婴儿是另一位王会计的。一、二审判决之前，赵某某均承认与其发生关系的不是王景之	不明

列表中所表达的一些项目信息，作案时间（犯罪时间）、案发时间（立案时间）、到案时间（被抓获时间）往往不同，甚至可能相隔甚久，这对造成冤错案件可能存在较大影响。通过研究作案时年龄这一要点，可以藉此粗略地推断中青年更容易成为冤主。被抓获时间到起诉这段时间显示的是犯罪嫌疑人到案后的侦查时间，此段侦查时间较短往往说明立案后、到案前的侦查取证工作已相当充分，对口供的依赖较小；反之则否，似乎更容易形成冤案。不过，这一要点不及审查起诉阶段所用时间更能说明问题。因为在审查起诉期限内提起公诉是常态，如果延长审查起诉期限、退回补充侦查，则说明检察官很可能在此阶段已经发现了疑点、问题，是防范冤错案件的良机。检察官在审查起诉过程中发现了哪些疑点、问题，侦查机关是如何应对的，为何又提起公诉，是非常值得研究的。由于相关信息缺失，这一部分的研究未能如愿详细展开。起诉时间到一审宣判时间，表征的是一审法院用于审理该案的时长（不等于有效时长）。一般而言，如果短期内即作出有罪判决，则说明法官很可能未发现疑点、问题；如果立案后很久才开庭，开庭后很久才宣判，则说明法官很可能已经发现疑点、问题，但为何仍作出错误的有罪判决，有无案外因素干扰，也是值得研究的。基于同样的原因，对这一部分的研究也受到客观条件的限制，难以深入。通过分析冤主与被害人关系，不难发现夫妻关系、恋人关系、邻居、同村的人所占比例较高。如果再审判决书、相关报道明确提出存在相反证据，但因侦查机关隐藏而未被检察官、法官审查，说明侦查人员存在制造冤案的故意；如果由于其他原因不被采信，则说明检察官、法官在审查认定证据方面未能去伪存真，存在重大过错。从定案证据来看，相关证据相当薄弱，不足以形成完整的证据链，也未达到证明标准，却依然被判决有罪，说明法官并没有把握好定罪标准。如果再审判决书、相关报道明确提出存在刑讯逼供，则认定有刑讯逼供；如果没有明确提出，则暂不认定存在刑讯逼供。“是否错杀”这一要点容易理解，被执行死刑的冤主就是被错杀的人。“羁押时间”是指犯罪嫌疑人被抓获后被采取羁押性强制措施的期间加上刑罚执行的期间，有时还有必要加上其家属被错误地采取强制措施的期间——这也是对冤主家庭的巨大伤害，不能视而不见。

第二节｜我国 81 起刑事错案统计情况

一、刑讯逼供情况

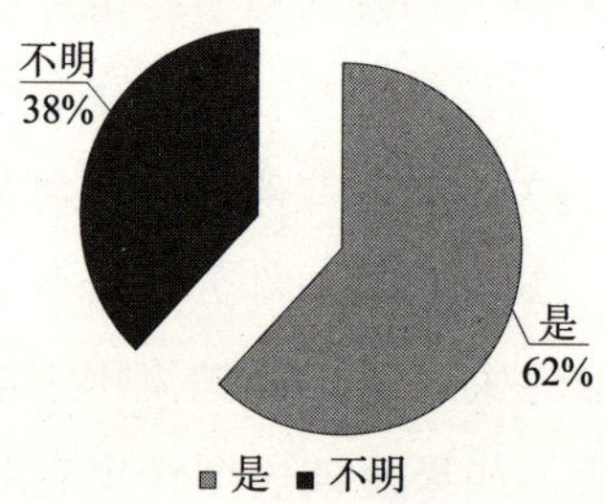

图 3－1　我国 81 起刑事错案是否刑讯逼供分析

二、纠错原因情况

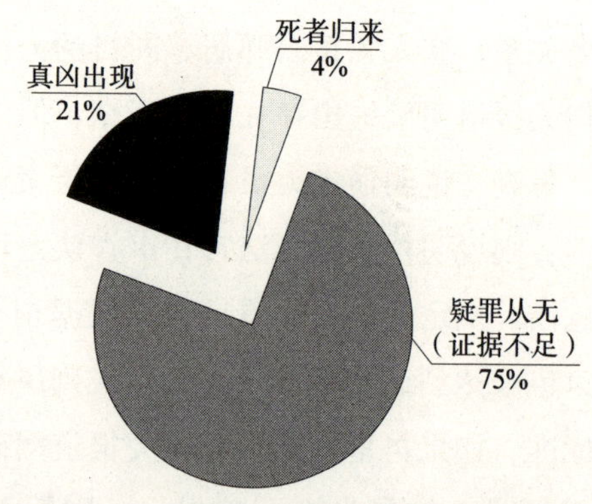

图 3－2　我国 81 起刑事错案纠错原因分析

三、涉案罪名统计

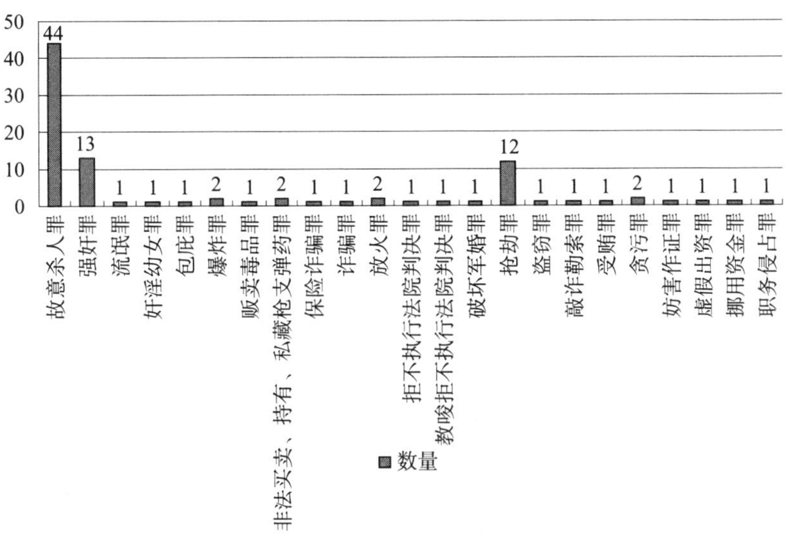

图 3-3 81 起刑事错案涉案罪名

四、涉案省份分布

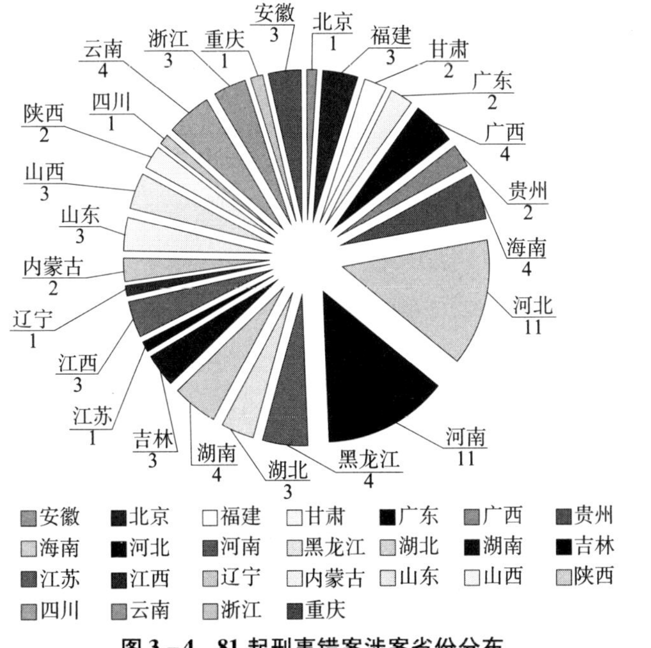

图 3-4 81 起刑事错案涉案省份分布

五、涉案人员职业分布

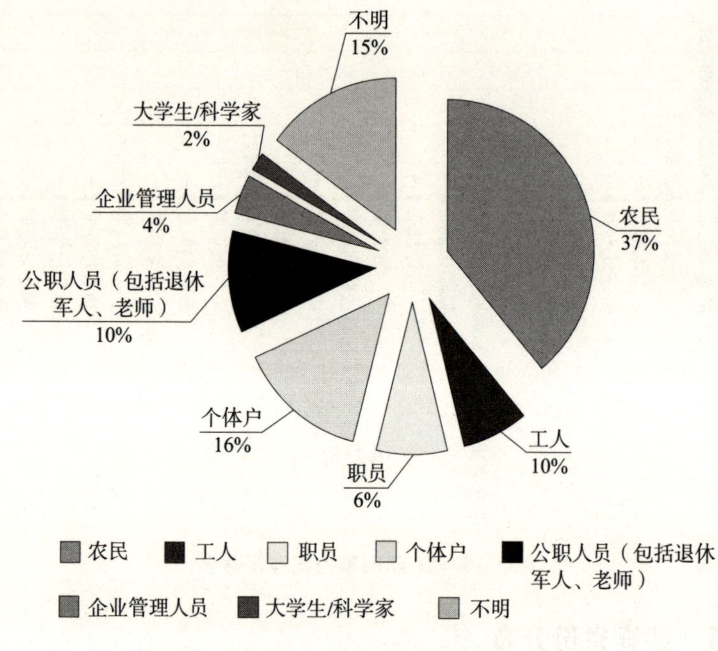

图 3－5　81 起刑事错案涉案人员职业分布

六、涉案人员作案时年龄分布

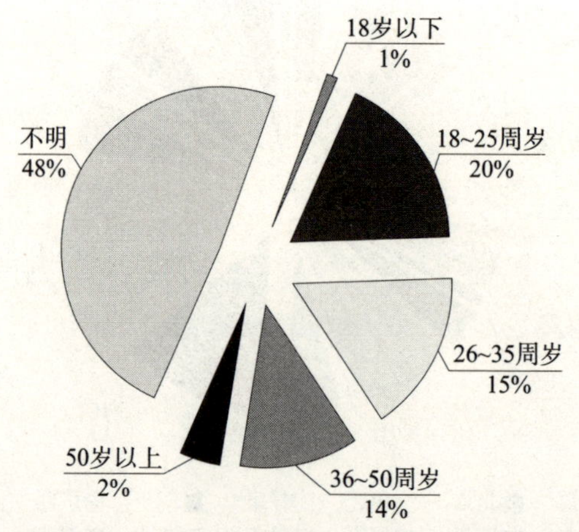

图 3－6　81 起刑事错案涉案人员作案时年龄分布

七、是否被错杀情况

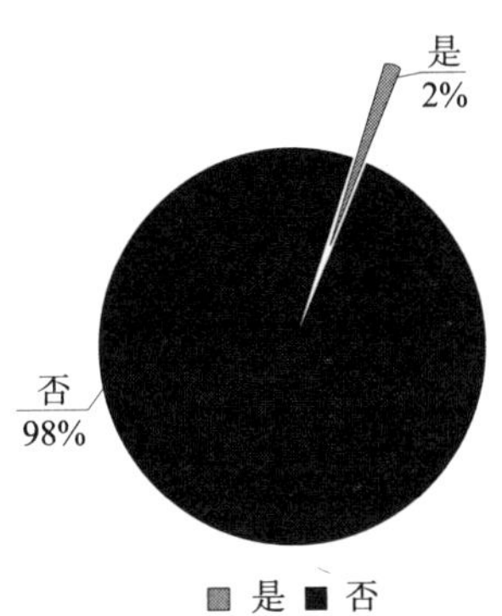

图 3－7 81 起刑事错案涉案人员是否被错杀

上述 81 起刑事错案中，涉及罪名 23 个，其中最多的案件为故意杀人罪。由于此类案件造成被害人死亡的严重后果，案发后社会关注度很高，被害人家属有着强烈的将犯罪分子绳之以法的愿望，因此公安机关面临上级机关、人民群众、被害人家属、媒体等多重压力，侦查人员就千方百计地寻找证据来证明被告人有罪，如果犯罪嫌疑人不承认实施了犯罪行为，侦查人员可能会通过各种手段获取犯罪嫌疑人口供，这种由供到证的取证模式极易造成刑事错案。故意杀人罪的错案频发，在很多人看来首先是侦查错误，但是作为最后保障者的法官自然负有不可推卸的责任。事实上，有些错案，即使侦查人员和法官都没有过错，也有可能发生错案，这个问题，将在以后的章节中详细论述。从图 3－2 可以看出，造成刑事错案的原因主要包括死者归来占 4%，真凶出现占 21%，证据不足占 75%；如死者归来的刑事错案有滕兴善案、佘祥林案、赵作海案等；发现真凶的刑事错案有覃俊虎、兰永奎案，杨云忠案等；证据不足的刑事错案有张高平、张辉案等。在上述刑事错案中，不少因素令人惊讶地反复出现，进而不断铸成刑事错案。有的学者将其称为“错案复制。”[1] 笔者初步归纳刑事错案的复制有以下情形：一是身份确定的错案复制。如滕兴善案、佘祥林案、赵作海案等案的案发时间跨度为十余年，尸体身份仅凭不规范的家属辨认，而不是DNA鉴定，便粗率认定，从而导致错案。二是犯罪嫌疑人确定的错案复制。侦查机关有时将犯罪嫌疑人先入为主地确定为与被害人有密切关系的熟人，包括丈夫、情人等。例如，王海军案、丁志权案、佘祥林案、张庆伟案、杜培武案等，都是妻子被杀后确定丈夫为犯罪嫌疑人。三是非法取证的错案复制。上述刑事错案中，刑讯逼供案件竟然占59%，而且不少案件是依靠刑讯逼供所取得的口供得以定案的。四是留有余地的错案复制。一审法院对可能出现事实误认的，经常采取判处死缓、无期徒刑等留有余地的判决，二审法院则可能多次发回重审。例如，张从明案的判决结果历经了死刑、发回重审、死刑、发回重审、死缓、发回重审、有期徒刑15年、无罪。

上述刑事错案之间也存在某些发展变化。笔者初步归纳为以下情况：错案的发现原因由以前的死者归来和发现真凶，越来越多地变为证据不足。从2000年开始，因证据不足发现错案的比例逐渐变大，同时，相对于以前案件久拖不决，从案发时间到宣判时间的间隔时间逐渐变短。随着科技水平的不断提高和其在技术鉴定中的广泛运用，因技术鉴定导致的错案逐渐减少。例如，吴鹤声案的案发时间为1991年，现场两枚烟蒂上唾液血型与吴鹤声血型相同是定案依据之一。此类错案在最近几年相对比较少见，主要是DNA鉴定已经广泛使用。

从整体上看，目前刑事法官在防止错案上做得还十分有限；但是，值得注意的是，刑事法官在运用技术和依据法律来防止错案上正起着越来越积极的作用。

[1] 何家弘：“错案为何能复制”，载《人民法院报》2013年4月26日第2版。

第四章

我国81起刑事错案产生的原因分析

导致刑事错案的原因无疑是方方面面的。首先，由人类主宰司法存在着天然的缺陷，这决定了刑事错案在相当长时间内不可能避免；其次，任何时代任何国家都不存在尽善尽美的司法制度，制度缺陷必然会制造诉讼流程的残次品——刑事错案；最后，一切司法活动都是由人去实施和推动的，侦查人员、公诉人员、审判人员和律师等诉讼参加者的观念、素质和行为均有可能导致刑事错案产生。无数悲剧案例表明，各种人为的因素成为刑事错案的主因，但既无过错也无过失有时也会产生错案。

第一节｜刑讯逼供是导致错案的重要原因

一、刑讯逼供的原因复杂

在81起刑事错案中，如上文所述（参见第三章图3－1），刑讯逼供案件竟然占62%，而且不少案件是依靠刑讯逼供所取得的口供得以定案的。刑讯逼供这种收集证据的方式和手段，在人类诉讼的历史上存在了数千年，随着诉讼制度逐步走向理智和文明，刑讯逼供的取证方式已逐步被否定，在法律制度上已被废除；但是在司法实践中，无论是在我国还是其他国家或地区，刑事侦查中刑讯逼供现象都屡禁不绝。刑讯逼供行为不仅严重侵犯了犯罪嫌疑人、被告人的人身权利，而且还损害了司法机关的公信力和国家刑事司法活动的正常秩序，具有严重的社会危害性。刑讯逼供行为已成为执法不公的典型现象和动摇人民群众司法信仰的重要原因。

由于我国的司法传统、司法体制与司法价值观等原因，在中国刑事诉讼中，程序性约束还未有效建立，采取超越法律约束的手段侦查取证，是个比较突出的、值得我们重视的问题。刑讯逼供、诱供就是其中之一，而且无疑是导致刑事错案的重要原因。“获取有罪供述以破案，这是侦查案件之捷径。当然采用非法方式获取口供，恰恰是走向错案的必由之路。”如佘祥林错案。1994 年 4 月 11 日，湖北省某地一水塘内发现一具被杀死的无名女尸，该县公安局经调查认定死者为张某，其丈夫佘祥林有杀妻嫌疑。2005 年 3 月 28 日，当年被拐卖的张某突然回到湖北家中，此案才得以纠正。[1] 有些侦查机关将破案率作为考核干警工作的主要指标，甚至将案件侦破情况与承办案件干警个人的经济、升迁等切身利益挂钩。在司法实践中，破案率亦是促使某些侦查人员，基于对个人自身利益的考虑而不惜对刑事诉讼参与人，特别是犯罪嫌疑人采取“酷刑”或精神强制等变相“酷刑”等非法手段，收集涉案犯罪证据的重要因素之一。

犯罪侦查的基本任务是查明事实、收集证据、缉捕罪犯。从表面上看，犯罪侦查就是侦查人员的工作，但是能否完成以及何时完成这项任务并不是侦查人员一方就能决定的。换言之，侦查破案不仅取决于侦查人员的能力和努力，还取决于案件其他要素，例如，案件发生的时间、地点和社会环境，案件的性质和证据的种类，案件中有关人员的情况——其中特别重要的是犯罪人的情况。犯罪侦查是一种具有博弈性的活动，侦查人员的工作成效不仅取决于自己，而且取决于对手。对于同样的侦查人员来说，如果对手的作案水平很低，侦查效率可能就高一些；如果对手的作案水平很高，侦查效率可能就低一些。决定侦查成效的因素很多，把只能作用于侦查人员主观因素的“限期破案”和“命案必破”作为犯罪侦查的整体要求，违背了犯罪侦查的客观规律。

依照现代行为科学的原理，工作中的压力与绩效之间呈倒“U”字

[1] 王莹、夏红：“对刑事错案形成原因的分析”，载《辽宁警专学报》2008 年第 5 期，第 8 页。

型的关系。当一个人的压力感超过中等水平时，持续性的压力强度会将其拖垮。相比西方国家而言，我国刑事警察在执法活动中面临着种种不当的，甚至是过分的破案压力。一旦遇到重案要案，一线的办案压力更是骤然飙升。各级政法领导可能会督促“限时破案”“办成铁案”；群众和新闻舆论会紧盯着调查活动的进展；被害人及其家属更会穷追不舍……一张张无形的压力大网，就这样齐刷刷地罩在刑警们的身上。对他们而言，破案意味着立功嘉奖，陷入侦查僵局则表明无能。个别刑警急功近利，丧失了对侦查工作的耐心，采取了所谓的“快速、有效”的手段——刑讯逼供，以缓解压力。司法实践经验反复昭示，刑讯逼供常常会走向真相的反面，酿成无法挽回的悲剧。[1]

二、刑讯逼供与刑事错案的关系

刑讯逼供与刑事错案之间的逻辑关系是：由于刑讯逼供形成了犯罪嫌疑人、被告人的供述或辩解等非法证据，这些非法证据通过审查起诉环节，由公诉机关提交给了法院，法庭通过庭审确认了它的证据资格和证明力，成为定罪量刑的依据，因而发生了冤错案件。为此，最高人民法院、最高人民检察院等部门联合制定发布了《关于办理刑事案件排除非法证据若干问题的规定》，2012年《刑事诉讼法》对非法证据排除规则进行了法律确认。这些法律规定和司法解释试图通过排除非法证据，来遏制刑讯逼供的出现，以此来避免冤错案件的发生。中国青年政治学院教授王新清在2015年5月9日河南省高级人民法院组织的研讨会上说，排除非法证据是斩断侦查、审查起诉、审判之间存在的“非法证据传送带”的利剑！可惜的是，一些检察官、法官拿着法律授予的“尚方宝剑”，眼睁睁地看着非法证据堂而皇之地进入神圣的法庭，就是不敢砍下去。

无论是通过刑讯逼供的手段，还是通过威胁、引诱、欺骗等手段获

[1] 刘品新：“刑事错案成因考量”，载《人民法院报》，2010年7月25日。

取相关证据的，以及其他通过非法搜查、羁押等强制性措施而取得证据的，实际上都构成了对刑事诉讼法中收集证据程序规定的违反，是一种非法取证行为。这种行为在实践中具体包括：司法机关违反法定程序收集、调查或制作证据的行为；司法机关超越法定职权范围或滥用司法权力，制作、调查或者收集证据的行为；以及司法机关以非法的证据材料为线索，调查收集其他证据的行为。[1] 现在我国司法实践中存在的非法取证行为多数都是这类程序不合法的行为，这是导致我国刑事错案频繁出现的主要因素。

实际上，刑讯逼供是我国刑事诉讼制度不够健全、监督机制尚不完善的必然结果。我国讯问犯罪嫌疑人的程序设计粗略，导致侦查讯问的随意性及刑讯的多发性。在《关于办理刑事案件排除非法证据若干问题的规定》出台以前，犯罪嫌疑人、被告人权利缺失，无法与国家权力实现必要的抗衡，而且在侦查程序中，由于缺少中立的司法机构的介入，难以及时有效地实现对犯罪嫌疑人权利的保护。对刑讯逼供缺乏一套完整有效的监督机制，司法实践中往往出现内部监督、外部监督均软弱无力，流于形式的消极现象，以致难以对刑讯逼供起到有效遏制作用。首先，由于缺乏事前的积极介入，检察机关在查处时不可避免地面临证据缺乏的困境，造成查处困难。其次，律师会见难、阅卷难、调查取证难以及律师执业权益保护的不足，使得律师维护犯罪嫌疑人权利的途径不畅。再次，《关于办理刑事案件排除非法证据若干问题的规定》出台以前，由于没有确立完整的非法证据排除规则，造成了人民法院对非法证据的排除力度不够。虽然该规定对非法证据排除的相关问题作出了详细的规定，但是毕竟此规定出台时间尚短，在实践中的落实效果有待进一步检验。最后，社会大众对刑讯逼供的抵制力量往往只有在冤假错案被发现时才会被激发出来，而对于“真正的罪犯”，人们并不关心他们是否受到刑讯逼供。总之，我国刑事诉讼法虽然明确规定严禁刑讯逼供以

[1] 樊崇义：《证据学》，法律出版社 2001 年版，第 294 页。

及非法取证行为，但是，既没有规定在程序上应采取何种措施预防该类行为的发生，也没有规定当该类行为发生后该如何处置，“严禁刑讯逼供行为”的口号并没有在具体程序设计和证据规则设定上得到回应。

三、刑讯逼供的危害

我国 1996 年修订的《刑事诉讼法》第 43 条有着这样的规定：“严禁刑讯逼供和以威胁、引诱、欺骗以及其他非法的方法收集证据。”2012 年修正的《刑事诉讼法》第 50 条也有相应的规定，同时增加了“不得强迫任何人证实自己有罪”的内容。尽管我国刑事诉讼过程中总是强调“重证据，重调查研究，不轻信口供，严禁刑讯逼供”的重要性，但是客观上出于种种原因，刑讯逼供现象往往屡禁不止。这给社会公众的生命财产安全造成了极大的危害和威胁。因此，尽管错案成因很多，但是大多都与刑讯逼供有着直接或间接的关联性。[1] 传统的侦查模式中“由人到案”，“口供是证据之王”的观念大行其道，非法取证屡禁不止。首先是对嫌疑人的刑讯逼供。例如李杰、黄德海、何军、黄刚案中，侦查人员认为李杰是嫌疑人后对其进行刑讯逼供，李杰按照提示“招认”，但侦查人员不相信李杰一人能杀两人，于是李杰又供述了黄德海、何军、黄刚，三人又都被刑讯逼供，最后四人供证相互印证。

近年来，随着我国一批重大冤案的披露，刑讯逼供问题越来越受到国人的关注。然而，刑讯逼供似乎具有“超强的生命力”，臭名昭著却屡禁不止。这主要有以下几个方面的原因：一是受片面强调社会公共利益的传统价值观念的影响，我国的刑事司法一直偏重于打击犯罪，而对犯罪嫌疑人和被告人权利的保护重视不够。于是，目的正当性就掩盖了手段的不正当性，打击犯罪的正当性就弱化了侦查人员刑讯逼供的罪恶感。二是陈旧的思维习惯。由于我国的刑事诉讼理论长期排斥无罪推定

[1] 万毅：《底限正义论》，中国人民公安大学出版社 2006 年版，第 149 页。

原则，所以一些侦查人员习惯于“有罪推定”的思维模式——既然是侦查犯罪，就要先推定嫌疑人有罪，否则就别去侦查了。三是不良的行为环境。在特定的工作环境中逐渐养成打人的“习惯”。起初，一些刚刚走出校门的学生进入这样的工作环境会感觉很不适应，但是在“师傅带徒弟”的工作模式下可能很快就“入乡随俗”了。在这样的工作环境中，有效的刑讯行为似乎能够在某种程度上受到鼓励。四是参差不齐的侦查能力。近年来发现的冤案多发生于20世纪八九十年代，无论是从理论研究还是从实践经验来说，这一时期我国的犯罪侦查都处于较低的发展水平。与其他侦查方法相比，刑讯逼供的成本低且收益大。于是，一些侦查人员就甘冒违法风险去“撬开嫌疑人的嘴巴”。特别是当侦查人员承受破案压力而且面临困境的时候，对已经抓获的嫌疑人刑讯逼供就成为不二的选择。

错案中都存在着非法获取口供的问题。尤其是在死刑案件中最易发生刑讯逼供等非法取证行为，且这种非法行为是造成错案最为常见的原因。[1] 在很多情况下刑讯逼供并不一定都必定会造成错案，但错案的发生过程中往往会有非法讯问和刑讯逼供存在，而且必然存在对犯罪人人权的践踏或忽视，这一点在许多错案中是不争的事实。正如培根所说：“冤枉一个好人，比放纵十个坏人的危害更大。”刑讯逼供造成的后果往往是一些人被屈打成招，从而形成冤案，放纵了真正的犯罪者，造成了不良的社会影响，损害司法机关的形象，损伤了法律的权威和严肃性。

第二节 | 疑罪从轻是导致刑事错案的直接原因

无论是1979年的《刑事诉讼法》还是1996年《刑事诉讼法》，都没有直接就证明标准问题作出正面规定。2012年修正的《刑事诉讼法》

---

[1] 陈卫东：“强化证据意识是避免错案的关键”，载《法学》2005年第5期，第84页。

第 53 条对证明标准有列举式规定。但是根据有关条文的表述，学者们一般都把刑事诉讼的证明标准概括为“案件事实清楚，证据确实充分”。而司法人员在具体案件中往往把这个标准解释为“两个基本”，即“基本事实清楚，基本证据确实充分”。另外，过度强调打击犯罪的价值观念也使司法人员自觉或不自觉地放宽证明标准。

一、担心“疑罪从无”会放纵犯罪

在证据不足时担心“疑罪从无”会放纵犯罪，所以多采用“疑罪从轻”的处理办法。特别是在应该判处死刑的案件中，既然证据不足、事实存在疑点，那就不要判死刑立即执行了，改判死缓或者无期徒刑，名曰“留有余地”。在刑事错案中，石东玉、杜培武、佘祥林、赵作海、于英生、张辉等人，当年被指控的罪名都是故意杀人罪，在一般情况下都应判处死刑立即执行，但是因为证据不足，疑罪从轻，石东玉、杜培武、赵作海、张辉都被改判为死缓。于英生被改判为无期徒刑，佘祥林被改判为有期徒刑 15 年。于是，“证据不足，疑罪从轻”就成为刑事错案被不断复制的一个原因。刑事错案是司法系统在打击犯罪的过程中发生的。然而，制造刑事错案本身也是“犯罪”，而且是以法律的名义去伤害乃至杀害无辜的公民。因此，这种“犯罪”具有更为严重的社会危害性。它不仅损害个人利益，使当事人遭受冤屈，而且损害公共利益，破坏司法公正和社会秩序，甚至会使公众丧失对司法的信任！

错案是刑事司法的阴影。透过这片阴影，人们可以看到司法制度的漏洞和缺陷，从而推进司法制度的改革和完善。例如，2012 年修正的《刑事诉讼法》第 53 条第 2 款对刑事诉讼中的定罪证明标准作出了更加具体的规定：“证据确实、充分，应当符合以下条件：（一）定罪量刑的事实都有证据证明；（二）据以定案的证据均经法定程序查证属实；（三）综合全案证据，对所认定事实已排除合理怀疑。”该规定对于贯彻无罪推定原则和改变“疑罪从轻”习惯具有一定的积极作用。

对证据的“关联性”“合法性”“客观性”的审查，是法官对证据“三性”审查的必要程序，例如，在高进发案中，高进发有性犯罪前科，这一品格证据被认为与案件事实存在联系，属于对证据关联性审查不力。在王子发案中，看守所同屋犯人兰福高检举揭发王子发私下说过行凶情况是定罪证据之一，属于对证据关联性审查不力。至于对证据合法性审查不力的则更多，被告人在庭审时提出被刑讯逼供却经常不了了之。有时就是公安机关出具工作说明证实自己没有刑讯逼供。

对全部证据的判断能力不强。故意杀人罪死刑案件的证明标准应该是最高的，但是法官往往不知道具体如何把握证明标准。例如赵新建案，除了刑讯逼供取得的互相矛盾的口供外，没有任何直接证据。间接证据只有现场有赵新建的T恤和拖鞋，也无法形成完整的证据链。在这种证据情况下，赵新建被两次判处死缓。后来真凶归案，供述赵新建的T恤和拖鞋是其作案后故意放到现场的。对既有的证伪证据重视程度不够。有些既有证据对指控事实的证伪意义重大，一些错案的发生就是因为证据没有得到法官的足够重视。[1] 例如，在覃俊虎、兰永奎案中，现场留下的鞋印为42码，而两人的鞋为38码、39码，法官却没有认真考虑这一既有证据，在审理过程中没有科学运用证伪方法。

案件的最后结果取决于法官的“一锤定音”。作为司法的最终裁判者，法官在许多错案中都未发挥应有的作用。法官的观念态度是首当其冲的主观因素。“正义不但要实现，而且要以看得见的方式实现”。在上述错案中，我们看到主审法官确实力求实现正义，但是忽视了以看得见的方式来实现，这可能容易导致法官产生有罪推定。

二、超期羁押是“疑罪从轻”的隐患

在研究刑事错案问题的过程中，笔者发现超期羁押也是导致刑事错

---

[1] 何家弘、何然：“刑事错案中的证据问题——实证研究与经济分析”，载《政法论坛》2008 年第 4 期，第 3 ~ 19 页。

判的一个原因。人已经关了很长时间，但是没有拿到充分的证据，判不了也放不了，进退两难，而且被关的时间越长越难放。最后没办法，只好少判几年。既然“已经骑在虎上”，一些人便可能会选择“继续往前走”，硬着头皮“下判”，赵作海冤案就是很好的例证。

在表3-1里，有一栏是“羁押时间”，其中最长的羁押时间竟达到6570天。在上述81起错案中，超过80%的案件都超期羁押。超期羁押与刑讯逼供曾并列为我国刑事司法的两大“顽疾”。所谓超期羁押，就是依法被刑事拘留、逮捕的犯罪嫌疑人、被告人在侦查、审查起诉、审判阶段的羁押实际超过刑事诉讼法规定的羁押时限的一种违法行为。羁押率高和羁押期长是我国刑事诉讼的一个特点。在法治化比较发达的国家，犯罪嫌疑人在审判之前一般都处于保释的状态，处于羁押状态的是少数。例如，英国的犯罪嫌疑人在审前羁押的不足10%；但是在我国大陆地区，大约80%的犯罪嫌疑人都会被刑事拘留，而大约80%被刑事拘留的犯罪嫌疑人都会转为被逮捕。根据我国刑事诉讼法的规定，刑事拘留的时间一般是3天，特殊情况可延长至7天，对于流窜作案、多次作案、结伙作案的重大嫌疑分子可以延长至30天，再加上审查批捕的7天，犯罪嫌疑人在批准逮捕之前的羁押时限最多是37天。在1996年修改《刑事诉讼法》之前，公安机关经常采用期限更加广泛的“收容审查”来代替刑事拘留，变相延长了犯罪嫌疑人在批捕之前的羁押时间。例如，在滕兴善冤案中，嫌疑人滕兴善于1987年12月6日被“收容审查”，直至1988年9月2日才被批准逮捕，其捕前羁押时间近9个月。

对于逮捕之后的羁押期限，我国刑事诉讼法也作出了明确的规定。2012年修正的《刑事诉讼法》第154条规定：“对犯罪嫌疑人逮捕后的侦查羁押期限不得超过二个月。案情复杂、期限届满不能终结的案件，可以经上一级人民检察院批准延长一个月。”第156条规定：“下列案件在本法第一百五十四条规定的期限届满不能侦查终结的，经省、自治区、直辖市人民检察院批准或者决定，可以延长二个月：（一）交通十分不便的边远地区的重大复杂案件；（二）重大的犯罪集团案件；（三）流窜作案的重大复杂案件；（四）犯罪涉及面广，取证困难的重大复杂案件。”第157条规定：“对犯罪嫌疑人可能判处十年有期徒刑以上刑罚，依照本法第一百五十六条规定延长期限届满，仍不能侦查终结的，经省、自治区、直辖市人民检察院批准或者决定，可以再延长二个月。”按照上述规定，从逮捕嫌疑人至侦查终结的期限最长可以达到七个月。此外，2012年修正的《刑事诉讼法》第169条规定，审查起诉的期限一般为一个月，可以延长半个月。第202条规定，一审的期限一般为二个月，至迟不得超过三个月，可以延长三个月。第232条规定，二审的期限一般为二个月，可以延长二个月。按照上述规定，犯罪嫌疑人（被告人）在被逮捕后至判决生效的羁押期限一般应该在一年左右。但是，由于发回重审和补充侦查都要重新计算期限，所以完全按照法律规定“操作”，犯罪嫌疑人（被告人）被羁押的期限也可以达到一年半以上。即便规定如此，超期羁押的情况依然屡见不鲜。在前述冤案中，赵作海从1999年5月9日被抓捕到2003年2月13日法院判决生效，一共被羁押了3年零9个月；佘祥林从1994年4月11日被抓到1998年9月22日判决生效，一共被羁押了4年零5个月；李怀亮从2001年8月7日被抓捕到2013年4月25日被无罪释放，一直处于未决羁押状态，时间长达11年零8个月。

超期羁押的危害是显而易见的。一方面，超期羁押侵害了犯罪嫌疑人、被告人的合法权利；另一方面，它破坏了国家的法治环境和法律尊严。20世纪末，我国超期羁押的现象已经达到非常严重的程度。根据权威部门的统计，1993~1999年，全国政法机关每年度超期羁押人数一直维持在5万至8万人之间。为了解决这个“老大难”的问题，中央政法委于1999年7月23日发布了《关于严格依法办案坚决纠正超期羁押问题的通知》。随后，最高人民法院、最高人民检察院和公安部也相继发布了关于纠正和防止超期羁押的文件。

2001年1月，最高人民检察院下发《关于进一步清理和纠正案件超期羁押问题的通知》，要求对超期羁押问题进行全面清理。在全面清理超期羁押案件的背景下，河南省商丘市柘城县公安局把赵作海案提交政法委讨论。2001年7月，政法委召开公、检、法三机关的联席会议，讨论赵作海的问题，但是未能就起诉达成共识，该案继续搁置。2002年5月31日，在山东省潍坊市召开的全国检察机关纠正超期羁押的经验交流会上，最高人民检察院要求全国各级检察机关要切实加强对超期羁押案件的督办力度，检察环节存在的超期羁押案件要在2002年6月底前全部纠正。随后，赵作海案被列入河南省清理超期羁押的重点案件名单。公安机关再次把该案提交政法委讨论。8月和9月，商丘市政法委数次召开该案的专题会议。最后经过集体研究决定，该案具备了起诉条件，要求检察机关在“20天内提起公诉”。10月22日，商丘市人民检察院提起公诉。该院检察长在赵作海被平反之后说：“我们检察院最大的错误，就是没有坚持自己的意见。”诚然，清理超期羁押案件的决定是正确的，但是一些地区的司法人员在超期羁押的压力下将疑案起诉并判有罪的做法，却很容易导致冤案。

第三节｜非法证据排除规则缺乏可操作性

尽管刑讯逼供与非法证据的危害性为大众所知，且人们一致呼吁要确立非法证据排除规则，严肃制裁非法取证的行为，但从目前来看产生的效果甚微。

一、非法证据排除规则的制度体系不完善

尽管最高人民法院、最高人民检察院初步规定了刑事非法证据的排除规则，但仅仅限于“以刑讯逼供或威胁、引诱、欺骗等非法手段收集

的证据，不能作为指控犯罪的根据”。而在现实生活中，非法取证表现为多种形式，比如，在没有合法搜查证的情况下，对犯罪嫌疑人的住所、办公室进行搜查并扣押私人物品；没有经过合法授权，就对一个公民进行电话窃听或秘密录像，等等。这些证据是否应纳入排除之列？况且，如果利害关系人认为是非法证据，该在哪个诉讼阶段、向哪个机构提出排除的申请？同时，“两高”的规定仅将排除的范围界定为非法“言词证据”，没有包括非法“实物证据”，对非法证据衍生的证据更没有涉及。我国在立法上对于非法取得的言词证据明确予以排除，这符合当前国际上的通行做法。但是作为一项可能会对公民重大权益造成重大影响的证据规则，不经立法机关却由司法机关通过司法解释的形式来加以确立，这是不符合现代国家的基本立法原则的。而且，我国的相关规定制定得过于原则化且缺乏可操作性，加上没有其他相应配套的证据规则作为辅助，因此还没有形成一整套的具有内在逻辑、联系分明、体系统一的刑事诉讼非法证据排除规则的制度体系。

同时，我国刑事诉讼法明确指出：刑事司法人员实施刑讯逼供行为或者以其他非法手段，收集到的相关犯罪嫌疑人与被告人的供述不能作为法院定罪量刑的根据，但是因为证据不合法的举证责任一般被强加于辩方身上，因此刑事诉讼中缺乏某种可以排除非法证据的有效抗衡机制存在。“特别是对以非法手段收集的言词证据的证明，除非因侦查人员刑讯造成了被刑讯人死亡、伤残等严重后果，或因侦破其他案件而抓获真凶致使案件真相大白。否则，即使承办案件的司法人员在相当大的程度上怀疑该口供系侦查人员违反法定程序所得，亦无法以确凿的证据证实口供属非法证据并予以排除。”[1] 最近几年来，我国许多地方的检察机关都开始实行职务犯罪案件侦查过程中对讯问全程录音或者录像制度，包括有些地方的公安机关也开始对某些社会影响大的暴力犯罪案件实施类似的做法。这种做法在某种程度上可以强制侦查人员依法取证，从而

[1] 张智辉：《刑事非法证据排除规则研究》，北京大学出版社2006年版，第128页。

可以遏制刑讯逼供行为的发生。但是，这种做法并不能从根源上解决非法证据产生的问题。在刑事诉讼的许多阶段，有些司法人员依然存在上有政策、下有对策的不良心理，在具体办案过程中，面对犯罪嫌疑人、被告人提出排除非法证据的申请，有些法庭没有对非法证据是否存在作出是否应该排除的调查。总之，非法证据排除制度的建立在当前我国法治建设中依然任重而道远。

二、侦查人员提供的非法证据难以排除

非法取证有悖于宪法、刑事诉讼法的法治理念；违背了宪法对人权包括犯罪人基本人权的保护、刑事诉讼法对犯罪嫌疑人或者被告人的诉讼权利的保护以及取证主体资格等基本程序正义的基本理念和规定。从已经发生的佘祥林案、赵作海案来看，这些刑事错案的发生都与使用刑讯逼供采集到的非法证据直接相关。口供历来被视为证据之王，因此无论在刑事诉讼的哪个阶段，司法机关都十分重视口供的获取。但是在司法实践中，口供的获取渠道往往不能得到保证。“特别是对以非法手段收集的言词证据的证明，除非因侦查人员刑讯造成了被刑讯人死亡、伤残等严重后果，或因侦破其他案件而抓获真凶致使案件真相大白，否则，即使承办案件的司法人员在相当大的程度上怀疑该口供系侦查人员违反法定程序所得，亦无法以确凿的证据证实该口供属非法证据并予以排除。口供往往与刑讯逼供和引供、诱供结合起来成为导致错案冤案的重要原因。”❶“获取有罪供述以破案，这是侦查案件之捷径。当然过分依赖口供，甚至采用非法方式获取口供，恰恰是走向错案的必由之路。”❷

同时，还可能有对证人的非法取证。例如郭新才案，定罪证据之一的证人郭月英的证言就存在威胁取证，且证言前后矛盾的问题，公安机关未依照法定程序对其询问。还有，不当侦查，一方面是现场勘查等笔

---

❶ 张智辉：《刑事非法证据排除规则研究》，北京大学出版社2006年版，第92页。

❷ 陈兴良：“错案何以形成”，载《浙江公安高等专科学校学报》2005年第5期，第13页。

录的不规范。例如杜培武案，公安机关提供证据证实现场面包车离合器踏板、油门踏板、刹车踏板上的泥土与杜培武所穿鞋袜的气味一致，但是油门踏板、刹车踏板上的泥土没有提取说明。另一方面是物证提取、固定、鉴定的不规范。例如陈金昌、姚泽坤、温绍国、温绍荣案，公安机关到同案犯姚泽坤家中，威胁其姐姐交出锤子，后来竟然将从邻居家借来的锤子作为凶器。此外，有的错案中甚至还出现了篡改证据的行为。

从侦查到起诉再到审判，实践中的刑事诉讼程序在某种程度上更像流水线作业，法官在审判过程中往往都只是对指控事实的重复和确认。在错案中，除了对侦查期间所存在问题制约不足以外，由于检察机关本身就是监督机构，法院对检察机关的举证不力制约有限。公诉人在法庭上都是采取宣读笔录的方式，除了法定的勘验检查笔录、辨认笔录、侦查实验笔录外，还包括证人证言，以及被告人翻供时的被告人预审供述。这与直接言词原则是完全相悖的。同时，有的公诉人在法庭上一般进行选择性宣读笔录，对于有几份证人证言等笔录的，只宣读证实指控事实的笔录；对于全部笔录，只宣读最有利于证实指控事实的部分。对于物证的出示，检察机关一般通过出示案卷中的照片来替代，极少出示物证原件。扣押物品移送经常滞后，不少案件都是在开庭后移送，有的甚至在宣判后才移送。

第四节｜公检法配合有余，制约不足

人民法院、人民检察院和公安机关进行刑事诉讼，应当分工负责，互相配合，互相制约，以保证准确有效地执行法律。依据三机关分工负责、互相配合、互相制约的原则，我国建立了刑事诉讼中立案、侦查、审查起诉、审判与执行五阶段的流水线作业模式。其中，侦查机关处于打击犯罪的最前线，公诉机关和审判机关则处于传递接力棒的位置。这种流水线模式属于典型的“侦查中心”构造。有研究表明，我国刑事诉讼的有罪判决率为99%以上，真正决定犯罪嫌疑人或被告人命运的程序是侦查。这就意味着，刑事诉讼的审查起诉程序和审判程序必要的纠错功能被弱化。一旦侦查权力的恣意得不到监督和制约，出现刑事错案也就不足为奇了。❶

一、公、检配合有余

按照《中华人民共和国组织法》第135条的规定，检察机关和公安机关之间是分工负责、互相配合、互相制约的关系；但是，由于检察机关与公安机关（检警）之间在实际办案中相互牵扯的利益关系，两者在诉讼中所呈现的关系模式更倾向于平等主体间的互相配合。例如，检察机关对于自行侦查的职务犯罪案件，常常需要对犯罪嫌疑人拘留、逮捕，然而，根据2012年《刑事诉讼法》的规定，拘留、逮捕的决定和执行是相互分离的，即使检察机关作出拘留、逮捕的决定，还必须由公安机关执行，对于犯罪嫌疑人的通缉，检察机关也必须由公安机关发布通缉令。对于监视居住、技术侦查等这些重要的强制措施或手段也同样存在着检察机关交付公安机关去执行的问题。可以说，检察机关办理自行侦查案件的逮捕、起诉等诉讼流程的推进很大程度上依赖于公安机关的大力协助。而这种“大力协助”的对价有时则是检察机关对公安机关进行侦查监督的“弹性操作”。例如，对于公安机关的不立案，检察机关有时监督的方式相当灵活，有时以口头监督替代书面的纠正违法通知书。而在具体侦查过程中，公安机关为了办案常常需要以捕代侦、押人取证，为此需要检察机关“配合”，进而有时会要求检察机关在可捕可不捕的案件中给予一定的倾斜或照顾。

---

❶ 刘品新：“刑事错案成因考量”，载《人民法院报》2010年7月25日。

检警这种内在的“默契”可能会影响到审查批捕环节，非法证据排除规则的制度化运行，对于“瑕疵证据”有时公安侦查机关进行一定的说明补正，检察机关几乎是“照单全收”，甚至在退回补正的“瑕疵证据”理由书上还会告知侦查机关具体的补正方式、方法。对于侦查机关取得的但被检察机关排除的证据，检察办案人员有时也会事前沟通，排除后还往往会主动请示侦查机关重新取证，协助其落实逮捕措施。从表面上看，这一切符合法定程序，但是非法证据排除规则赋予检察机关监督侦查的职责和阻止违法取证的目的已经在检警互相配合“潜规则”下被架空。检察机关作为国家的法律监督机关，对于侦查活动负有不可推卸的监督制约义务。赋予检察机关批准逮捕决定权，就是希望通过“中国化的司法审查”来遏制侦查机关滥用强制措施而肆意践踏犯罪嫌疑人的合法权益，通过“程序性控制”避免个人权利受到侵犯。[1] 实践中，检察机关对于侦查中的违法取证之所以过分迁就，对公安机关的积极配合大于对公安机关的制约，一个重要原因就在于权力结构中检察机关的监督地位不高，监督效力有限。

行为需要约束，权力需要制约，行使权力的行为特别需要监督。刑讯逼供一般都发生于侦查权力的行使过程中，而这恰恰是刑事诉讼中监督较为乏力的环节。虽然检察机关享有《宪法》和《刑事诉讼法》赋予的法律监督权，而且可以通过审查批捕和审查起诉对侦查行为进行监督，但是受强调配合的工作习惯的影响，检察人员有时会把批准逮捕视为配合侦查工作的一道程序。当案件进入审查起诉阶段时，由于侦查已然终结，检察机关再想监督也就难见实效了。我国的刑事诉讼属于“流水线”模式。2012 年《刑事诉讼法》第 7 条规定：“人民法院、人民检察院和公安机关进行刑事诉讼，应当分工分责，互相配合，互相制约，以保证准确有效地执行法律。”在这种体制下，公安机关负责侦查，检察院负责起诉，法院负责审判。公、检、法三家既有分工又有配合，共

[1] 陈冀平等主编：《司法改革内刊》2015 年 1 月第 1 期，第 29～30 页。

同目标是把好案件的“质量关”，保证刑事司法系统生产出合格的“产品”，完成打击犯罪和保护人民的任务。于是，作为第一道“工序”的侦查，自然就是刑事诉讼的中心环节。或者说，就是认定案件事实的实质性环节，而起诉和审判认定案件事实的作用就容易被虚化，成为仅对“上游工序”的检验或复核。[1]

二、公、检、法相互制约不足

在“以侦查为中心的流水线”诉讼模式下，检察官和法官审查案件是“以案卷为中心”的，因为在这个“流水线”上传送的是包括各种证据材料的案件。侦查机关制作的案卷既是检察机关提起公诉的主要证据，也是法官作出判决的主要证据。在案卷中，笔录是各种证据的基本形态。于是，检察官和法官对证据的审查也就成为对各种笔录的审查，如询问笔录、讯问笔录、勘验笔录、检查笔录、搜查笔录、辨认笔录等。在实践中，检察官往往在侦查机关的起诉意见书上进行一些修改就作为起诉书，而法官又在起诉书的主要内容上进行修改，作为判决书的认定事实。在电子计算机广泛使用的时代，检察官和法官都可以因此而减少工作量，但是刑事司法系统的“产品质量”就很难得到保障。在“以侦查为中心”的诉讼模式下，刑事案件的审查起诉和法庭审判很容易成为侦查的附庸。各级党委的政法工作委员会指导、协调、监督、检查公、检、法机关的工作，其主要职责就是抓好执法监督工作，支持和督促政法各部门依法行使职权，协调政法各部门的重大业务问题和有争议的重大疑难案件。在实践中，地方政法委的领导往往过分强调“互相配合”的重要性。特别是在面临重大疑难案件时，政法委经常牵头组织公、检、法三家“联合办案”，通过诸如“三长会”的形式决定案件中的疑难问题或争议问题。三家联合办案，就要强调“协同作战”和“统

[1] 陈冀平等主编：《司法改革内刊》2015年1月第1期，第46页。

一指挥”，在公安机关已经侦查终结的情况下，检察院只能提起公诉，法院也只能作出有罪判决。这样，结果往往就成了检、法两家配合公安，许多刑事错案也就由此而生。河南赵作海案就是一个很好的例证。

毫无疑问，这些刑事错案的生成往往都根源于侦查环节的错误，但是这些“事实不清、证据不足”的案件又往往都通过了检察机关和审判机关把守的关口，顺利通过了“流水线”上的层层审查，最后成为刑事司法系统制造出来的“伪劣产品”。这反映了当下我国刑事司法制度的一大缺陷，即公、检、法三机关“配合有余、制约不足”。其实，公检法分权的主要目的就应该是互相制约，而不是互相配合。只有加强三机关之间的制约，才能有效预防错案。分工负责、互相配合、互相制约是公、检、法办案关系的基本原则。但有时候就变形了，[1] 这就使控辩审的“等腰三角形”结构出现严重偏差。

第五节 ｜ 法庭审判的虚化使防错功能降低

在现代法治国家中，刑事诉讼的中心环节应该是法庭审判，司法审判权应该属于法官。换言之，庭审应该是决定诉讼结果的中心环节，合议庭（或者独审制的法官）应该是司法裁判的真正主体。但是在当下，我国未审先判、下审上判、审者不判、判者不审等现象时有发生。一言以蔽之，刑事庭审“被虚化”了。所谓“庭审虚化”，就是说，法官对证据的认定和对案件事实的认定主要不是通过法庭上的举证和质证来完成的，而是通过庭审之前或之后对案卷的审查来完成的，庭审在刑事诉讼过程中没有实质性作用。司法人员不经过庭审程序也可以照样作出被告人是否有罪的判决。于是，有时庭审就沦为“走过场”。

---

[1] 陈瑞华：《程序性制裁理论》，中国法制出版社 2005 年版，第 52～53 页。

一、司法裁判行政化倾向

我国《刑事诉讼法》规定，合议庭开庭审理并且评议后，应当作出判决。对于疑难、复杂、重大的案件，合议庭认为难以作出决定的，由合议庭提请院长决定提交审判委员会讨论决定。审判委员会的决定，合议庭应当执行。在实践中，合议庭在遇到“复杂、疑难、重大”的案件时，往往会把案件报审判委员会讨论，因为由审判委员会作出的决定更有权威性。于是，有的案件裁判者不是主持庭审的法官，而是没有参加庭审的法官，即“审者不判，判者不审”。

在法院的内部体系中，行政化至今仍非常严重。一方面，除了合议庭和审判委员会这两级法定审判组织以外，还可能存在庭长、主管院长对事实认定也有实际决定权的情况；另一方面，上下级法院之间准行政关系明显，下级法院遇到疑难案件就“内部请示”的比比皆是。在法院权限网络中，主审法官和合议庭多少有些人微言轻，且头上悬着“错案追究制”这把利剑，更是战战兢兢，因而遇到问题马上请示汇报，消极待命就不奇怪了。在有些案件中，审判委员会的意见可能不同于合议庭的意见，但后者只能服从前者，结果可能导致冤案。

法庭审判应该是把守司法公正的最后一道关口。刑事庭审本应是刑事诉讼中具有决定性的环节，但有时会被虚化到可有可无的境地。这既危害司法的程序公正，也危害司法的实体公正。虽然错案的发生不能完全归咎于庭审虚化，但是庭审虚化具有不可推卸的责任。譬如，那些通过刑讯等非法手段获取的虚假证据能够在法庭上畅通无阻，就反映庭审虚化的弊端。庭审虚化违反了世界上许多国家都确立的一项司法裁判原则，即“直接言词”原则。直接言词原则包括两层含义：其一是对案件作出裁判的法官应该对证据进行审查，未亲历证据审查的法官不能对案件事实作出裁判；其二是庭审中的举证和质证应该以言词（即口头陈述）的方式进行，以书面方式举出的言词证据一般不可采纳。直接言词原则是许多大陆法系国家都采用的一项诉讼原则。它与英美法系国家的传闻证据规则在强调证人出庭的问题上具有异曲同工之作用。例如，《德国刑事诉讼法》第250条（证据审查的直接性）规定："如果对事实的证明以个人的感觉为根据，应当在审判中询问本人。不得以宣读询问笔录或者书面证言的方式而代替询问。"直接言词原则是司法公正的保障。法官是案件的裁判者，法官对证据的审查必须具有"亲历性"，即法官在审判中必须亲自审查证据。因此，任何证据都必须经过法庭上直接的举证和质证，才能使审判者对证据的真实性和证明力形成内心确信，并在此基础上认定案件事实。因此，只有直接审理案件的法官才能参与案件事实的裁判。例如，在我国台湾地区，如果没有参与案件审理的法官参与了案件的判决，那么上诉法院就可以裁定该判决违法。

庭审虚化也反映了我国司法实践中普遍存在的"司法裁判行政化"倾向。各级法院的审判委员会犹如"行政决策中心"，法院领导必须协调和控制"司法决策"的过程和结果。于是，下级服从上级，重大案件要领导拍板，这种行政管理的原则有时就成为司法裁判的"潜规则"，也就成为庭审虚化的"潜在原因"。有学者指出，目前我国法院实行的是独任制、合议制、审判委员会制。合议制和审判委员会制均属"民主集中制"的决策方式，实际上就是采取行政管理模式对案件作出决定。审理案件时，主审法官要向庭长汇报案情并做请示，裁判文书要报庭长、主管副院长审批；主管副院长不同意合议庭意见的，可以退回要求合议庭重新合议或提交审判委员会讨论决定；审判委员会认为没把握的，则要请示上级法院，这种层层汇报、层层审批的行政化做法，是一种典型的行政管理模式，其直接后果就是案件承办者作为真正了解案件情况的人无法对案件的处理结果享有决定权。只有让庭审真正成为刑事诉讼的中心环节，让案件审理者成为真正的裁判者，刑事司法制度预防错案的能力才会增强。

二、宁可错判也不错放

在疑案中，证据处于短缺状态，事实处于模糊状态，因此，无论是侦查人员还是预审人员，无论是公诉人员还是审判人员，他们就案件事实所作出的决定都难免出现误差。就客观结果而言，这误差有两种情况：一种是把有罪者当成无罪者，错放了坏人；一种是把无罪者当成有罪者，错判了好人。“既不冤枉一个好人，也不放纵一个坏人”的说法只能是一个美丽的传说，因为在任何一个国家的刑事司法制度下这都是不可能实现的。于是，办案人员就不得不在“错放”和“错判”之间进行选择。常言道，两害相权取其轻。那么“错放”与“错判”的危害孰轻孰重，这就取决于办案人员的价值观念。让有罪者逃脱会使社会公共利益受到损害，而让无罪者错受处罚只是让个人利益受到损害。人们在心理上不愿意让有罪者逍遥法外，何况那些罪犯还可能继续危害社会。这便是司法实践中“疑罪从轻”的思想根源，但是与无罪推定原则背道而驰。无罪推定原则是人类社会司法经验的总结，是刑事司法文明进步的标志，我国应该学习和借鉴。2012 年修正的《刑事诉讼法》第 12 条规定：“未经人民法院依法判决，对任何人都不得确定有罪。”其含义应包括三层：第一，任何人在被法院依法判定有罪之前，应该先被假定为无罪者；第二，在刑事案件的审判中，公诉方应该承担证明责任，被告方一般不承担证明责任，具体来说，被告人既没有证明自己有罪的责任，也没有证明自己无罪的责任；第三，在公诉方举出的证据未能达到法定证明标准的情况下，法院应该宣告被告人无罪。换言之，法院判决应该遵守“疑罪从无”的原则。1996 年修订的《刑事诉讼法》虽然没有就刑事诉讼中的证明责任分配委托作出明确规定，但是第 195 条第（3）项规定了“证据不足，不能认定被告人有罪的，应当作出证据不足、指控的犯罪不能成立的无罪判决”。这体现了“疑罪从无”的无罪推定精神。不过，这一规定在司法实践中遭遇了传统观念的抵制，而且这与刑事诉讼的证明标准有关。

第六节 | 司法环境对错案的影响

在错案这面镜子里，我们还能清楚地看到令人堪忧的司法环境。法官作为个体，承担着“审判不能承受之重”。

一、迎合民意可能步入错案的误区

民众参与是司法健全的标志。不过，估计我国是民意舆情对审判造成压力最大的国家之一了。（1）民意压力。几乎所有故意杀人罪命案，被害人家属都会明确向法院要求判处被告人死刑立即执行，一旦法院宣告无罪释放，就会闹得天翻地覆，“联名信”“请愿书”“上访闹事”轮番上阵。在李怀亮案中，被害人家属多次到北京、郑州等地上访，死者母亲更是多次扬言要“自杀”，给审判机关造成很大压力，法官在明知证据不足的情况下，作为缓兵之计，签订了“死刑”保证书，13 年后才作无罪判决。而现今的涉诉信访化解强调“谁的孩子谁抱走”。试想，主审法官如果正准备宣告无罪，却又要解决几百人在闹事，“不杀不足以平民愤”，个中压力可想而知。（2）舆情压力。故意杀人案件最容易吸引大众眼球，媒体报道铺天盖地。相对于西方国家对媒体介入的限制，[1] 我国审判公开似乎更为全方位。然而，我们的新闻媒体很多时候缺乏自律，动辄对案件情节进行渲染并对判决结果进行预测，让人忍不住问一声：“究竟是谁给了你们舆论审判的权力？”在聂树斌案中，当年的一家报纸在一审判决前就“生动细致”地披露了强奸杀人的细节，并称聂树斌为“凶残的犯罪分子”。这种“媒体杀人”现在仍然屡见不鲜。

---

[1] 卡特等著、黄列译：《大众传播法概要》，中国社会科学出版社 1997 年版，第 136 ~ 145 页。笔者在美国法院多次观摩开庭就被明确告知，媒体不得进入法庭，电视报道也只能是图片。

有些案件当地民众要求严惩凶手的呼声很高，也给办案人员造成了很大压力。情节恶劣的犯罪行为往往会引发民众的道德谴责，进而在一定范围内形成强大的“民愤”。即使在互联网尚未发达的时代，民愤也会经由新闻报道和街谈巷议的方式传播和积蓄，形成能量巨大的舆论场影响裁判。民愤的出发点往往是朴素的，民愤的形成往往具有非理性和从众性的特点。因此，司法机关在民意面前本应挺直腰板，依法办案，公正裁判。但是领导者往往强调司法裁判的社会效果，于是，一些司法人员在面对激昂的民愤时，就无法保持中立和公正，在裁判时屈从民意。在一些错案的形成过程中，我们也看到了被害人亲属的“上访”对办案人员形成的压力和作用。河南李怀亮案就是一个典型的案例。

二、联合办案与个案协调对审判的影响

我国对错案采取的是行政化控制机制，[1] 除了以往的“严打”刑事政策以外，现在突出的是联合办案和个案协调。近年来，专案组办理已经少见了。不过对于一些重大疑难复杂案件，为了提高司法效率，还有专案组联合办案的形式，[2] 一审法官参与公、检人员办案，有的二审法官还参与办案。法官的提前介入当然丧失了审判的独立性，甚至二审的纠错功能。例如丁志权案，当年提审的是公检法三家组成的专案组，当时有证人证实案发时丁志权在打麻将，不过未能引起专案组的重视。

---

[1] 李春刚：《刑事错案基本问题研究》，吉林大学2010年刑法学博士论文，第62~65页。

[2] 陈爱蓓：《刑事裁判中的事实误认》，知识产权出版社2008年版，第92~95页。

第五章

我国刑事错案的防范及对策

近年来，随着一系列错案相继得到纠正，刑事错案问题再一次成为社会关注的焦点，人民法院也再次被推向舆论的风口浪尖。如何防范错案以及在错案发生后，如何进行有效救济，不仅是我国面临的紧迫问题，也是世界各国刑事司法中面临的一个共同难题。健全机制预防刑讯逼供，严格实行非法证据排除规则，进一步明确非法证据排除的程序和标准，坚持疑罪从无原则。健全完善重视律师辩护的工作机制等。以尊重诉讼规律为基础，建立长效化、客观化、规范化的绩效考核机制。

第一节｜有效遏制刑讯逼供

侦查是整个刑事诉讼程序的开端。在侦查中，享有侦查权的机关和侦查人员担负着收集、审查证据，揭露犯罪事实，为起诉和审判作准备的任务。侦查程序在整个刑事诉讼程序中有着非常重要且承上启下的重要作用。如果在刚开始的侦查活动就发生失误或偏差，往往会对错案的酿成产生重大影响。为此，我国应针对侦查源头的错案防治，设置较为周密的防范，设定细致的侦查行为实施程序，加大科学技术的投入以及加强对侦查行为的监督和制约。

一、有效控制与监视审讯过程

错案发生一方面源于作为认识主体的人的认识能力的有限以及作为认识客体的案件本身的复杂性，另一方面源于认识方式和认识途径本身的错误和缺陷。通过对 81 起错案的梳理，笔者发现我国各项侦查认识行为的不足和缺陷，其中刑讯逼供是造成刑事错案的重要原因。在人类社会的发展史中，刑讯逼供是普遍存在的，即使到了现代文明社会刑讯逼供仍然屡见不鲜。近年来，随着我国一大批重大刑事错案的披露，刑讯逼供问题越来越受到人们的关注。我国刑事诉讼法早就明确规定“严禁刑讯逼供”，但侦查人员为什么一次又一次地进行刑讯逼供呢？

经过1979~2013年的国家治理，我国司法实践中的刑讯逼供问题逐渐得到遏制。到2013年6月，据公安部统计，2012年全国刑讯逼供案比以往减少了87%。《人民日报》宣称，我国的刑讯逼供已经得到基本治理。而官方论断也得到民间认可与学者实证研究的进一步印证。应该说，到目前为止，除中央与地方政法部门各自的遏制措施外，我国已初步确立起“程序内”的刑讯逼供常规化治理机制。

刑事审讯是代表国家权力的审讯者与犯罪嫌疑人之间的“短兵相接”的面对面较量。尽管理论上，法律规定嫌疑人应被推断为无罪之人，但很明显当其进入审讯室，已被“降格”为罪犯，或至少被视为具有高度的“犯罪可能”。于是，在审讯者与嫌疑人之间，国家的审讯权力“天生”就制造出二者地位、身份与话语力量的不对等。而刑事审讯，作为国家权力对个人身体、自由最为原始与赤裸的控制，却偏偏发生在一个几乎不受外部控制的封闭与秘密场域，审讯时间与空间安排、审讯场所的设计布置、嫌疑人具体处境方式、审讯者与嫌疑人的空间距离，都由审讯者自由调度与控制。其结果是，审讯人员实现了对犯罪嫌疑人单方性、绝对化的权力支配。在这种如同甚或超过津巴多博士“斯坦福监狱实验”所展示的失衡权力格局中，即便是理性、审慎、操持正义的审讯者，一旦进入审讯场所，角色的快速转变，身份的自我认同，也容易诱发出对嫌疑人花样百出、毫无节制的刑讯行为，且乐此不疲。

可见，讯问程序的封闭与审讯者的角色预期，为刑讯逼供提供了广阔的“舞台”。故而，有效控制与监视审讯过程，才是遏制刑讯逼供的重要一环，甚至可以说，是杜绝刑讯逼供的最佳突破口。20世纪八九十年代，基层公安机关刑讯逼供盛行，信息的非对称性，基层领导的宽容与查案时的阻力，导致上级公安机关无法有效遏制刑讯逼供，以致刑讯逼供屡禁不绝。迫不得已，公安部转而采取连带责任——领导“连坐”、单位考核的“一票否决”，以加强基层机关对民警的监控；但被利益牢牢拴在一起的刑讯者、基层领导与办案机关，为规避惩罚而订立“攻守同盟”。因此，公安部或地方公安机关再次加大惩罚力度……如此形成恶性循环。而且，在中国大部分基层区县，地方政法机关纵横交错的关系网络，使刑讯者的残酷行为被掩盖、容忍，即便刑讯获得的口供也难以排除，审讯者存在刑讯逼供行为也难以被追究，而即使对刑讯者处以刑罚亦被轻缓化。因此，国家若要控制刑讯，仅仅采取“结果控制”的策略是远远不够，首先需要规范与监控“审讯过程”。最核心的措施，一是控制审讯者审讯嫌疑人的时空。由于刑讯逼供最易发生在公安机关羁押前的办公室，且审讯时间过长、毫无规制，因此合理设定审讯时间、规范羁押前与羁押后审讯过程公开或部分公开，以便得到外部合理监控。其措施或者是审讯过程同步录音录像，或者是让辩护律师或其他第三者如检察机关派员参与或监督审讯过程。审讯过程的适度公开与客观记录，是庭审时法官判断侦查人员是否非法取证的重要信息，亦是侦查机关内部实施监控与行政追责，以及国家追究审讯者刑讯逼供刑事责任的客观依据。

大体来说，到2013年，中国已经初具对刑讯逼供的“过程—结果”的双重控制规模。在刑讯的“结果控制”方面，虽早在20世纪90年代末，最高人民检察院与最高人民法院确立了非法证据排除，但并无具体操作规则；直到2000年后，系列地方性刑事证据规则的大量出台，对非法口供的排除实现了跨越性发展，其经验最终被2012年《刑事诉讼法》吸收，并与后续中央政法机关的司法解释或意见、规定一起，确立起较为完整的非法口供排除规则体系。20世纪90年代以来，公安部、最高人民检察院、地方公安机关均有行政追责，但效果长期不佳，威慑力有限，其根源不是法律规定不完善、惩罚不严，而在于相应机构责任追究不力，致其无法落实。

21 世纪之前，我国除简单宣称“严禁刑讯逼供”或“禁止以刑讯逼供的方法收集证据”外，在刑讯逼供的“过程控制”方面均无建树。进入 21 世纪后，我国在刑讯逼供的过程控制方面举措频频，尽管存在诸多缺陷，但亦初步形成了过程监督体系：明确了合理的审讯时间与地点，特别是对于羁押后的嫌疑人、被告人必须尽快送入看守所，且只能在看守所讯问；规定审讯行为的合理中断；同时，规定对一些重大案件的审讯过程必须进行录音录像，部分地区还实行侦查人员在审讯时的律师在场制度；另外，公安机关的执法规范化建设，使刑事审讯处于本级、上级公安机关的立体化监控体制之下，有力地约束了警察的刑讯逼供行为；而检察机关对职务犯罪嫌疑人的同步录音录像，亦形成了系统化的制度体系。当然更关键的是，如果运作得当，审讯过程的电子监控与客观记录，也是实现非法证据排除与刑讯责任追究的重要证据来源。换言之，审讯行为的“过程监督”有助于刑讯逼供的“结果控制”。

二、法律应赋予嫌疑人沉默权

给予刑事审讯几乎处于封闭且审讯者单方支配嫌疑人的秘密场域极易引发刑讯逼供的出现。现代法治国家采取了嫌疑人权利与国家其他权力制衡的双重控制策略。如英美等国，在 20 世纪 60 年代相继赋予嫌疑人被审讯时的沉默权与律师帮助权，20 世纪 80 年代以来，又陆续建立了警察审讯时的同步录音录像制度，以强化国家权力对审讯权的控制与监督，形成了“权利—权力”与“权力—权力”的双重制约机制，有效地减少了刑讯。

从中国 1979 ~2013 年国家治理刑讯的历程来看，在 21 世纪之前，借助嫌疑人权利制约侦查机关审讯权的法律机制几乎处于空白。2000 年后，刑讯泛滥、冤案频发，这些现象倒逼中国刑讯逼供的治理逐步走向程序化与常规化的运作逻辑，公正客观地对待嫌疑人与被告人成为历史所趋。但是 30 多年来，由于国家始终陷于“合法性焦虑”之中——摇摆于犯罪控制与权利保障的两重压力，刑讯逼供的治理历程并不一帆风顺，因而法律赋予嫌疑人沉默权始终没有得到落实。部分地方性刑事证据规则规定了不得强迫自证其罪原则，以及庭审时被告人根据相关线索或证据提出刑讯逼供时，控方应对口供合法性进行证明，且在部分案件中，规定审讯时律师可以在场。结合地方性经验，2010 年的两个证据规定，特别是 2012 年修正的《刑事诉讼法》在国家层面，首先明确“尊重和保障人权”，并规定不得强迫嫌疑人与被告人自证其罪。然而，法律没有赋予嫌疑人沉默权，仍然要求嫌疑人对于侦查人员的提问，应当如实回答。固然，“高调”的沉默权未必能够遏制刑讯逼供，但不得强迫自证其罪与嫌疑人必须如实回答的难题，完全削弱了“防止刑讯逼供”的积极意义。同时，刑事诉讼法还完善了侦查阶段的辩护权，明确了律师的辩护人身份、监视居住的犯罪嫌疑人的自由会见权。但问题在于，辩护律师不能在审讯嫌疑人时在场，亦无法在刑讯最易发生的羁押前与监视居住前的阶段会见嫌疑人。录音录像中的权利保护同样缺乏，侦查机关对应当录音录像而没有录音录像，或录音录像违法，或嫌疑人不希望录音录像的，嫌疑人缺乏程序选择权与救济权。此外，刑事诉讼法虽然确立了非法审讯中强迫程度较高的行为，但实践结果也难如人意。因此可以说，中国目前遏制刑讯逼供的权利制衡模式几乎阙如。

与此对应的是，国家通过权力手段遏制刑讯的势头始兴于 20 世纪 90 年代，至今方兴未艾，并成为中国治理刑讯逼供的主要模式。这或许是部分学者归因的“国家根深蒂固的职权主义传统及其背后的科层制权力结构”，以及该传统、结构倾向通过预先设定的权力规范对权力行使的合法性进行制约，并通过行政权力，尤其是科层权力体系中的上级权力，对其进行书面的检查、监督所致。但事实上，推动国家利用“权力—权力”的控制途径治理刑讯逼供的首要原因，却是实践中反复出现的刑讯逼供现象及刑事错案所共同引发的国家“合法性焦虑”：刑讯手段恶劣，审讯者对嫌疑人摧残折磨致残致死，“有的竟然将人打死后沉尸灭迹”，在人民群众中造成了恶劣的影响，败坏了侦查机关的威信，损害了党和政府的威望。可以说，上述种种，已经严重危及刑事司法机关，特别是公安机关的正当性与公信力，若任其蔓延、不加管控，必将重创司法公信力。而中国国家权力合法性建基于绩效之上。而刑讯逼供涉及的主要是民众对政法机关道德表现的合法性评价，这只能通过国家的反复高调表态、自上而下的运动式治理与常规性的权力制衡等模式来改变。

根据中国司法实践，“刑讯逼供的权力制衡”模式集中表现为侦查机关的内部控制与检法等机关的外部控制。整个20世纪90年代，几乎都是公安系统兴起的内部控制运动。2008年之后，公安部在全国范围推行的执法规范化建设，如通过建立专门的审讯场所、集中统一管理，审讯过程的视频监控初步实现，羁押前审讯控制。

虽然检察机关历年来也严禁刑讯逼供，反复表明坚决排除刑讯逼供取得的证据，但事实上，直到21世纪之后，才采取了有力措施。检察院自身也推进基层检察院执法规范化、队伍专业化、管理科学化、保障现代化建设，如内部责任追究制度与2005年推行的审讯时的录音录像制度。再结合2012年修改后的刑事诉讼法，通过相应制度确立审讯期间的饮食和休息制度、拘留后的送押制度、羁押审讯地点法定化制度以及审讯时的同步录音录像制度，分别从审讯参与者、合理中断审讯过程、限定加压审讯场所、羁押场所与审讯人员的适度分离等方面控制审讯权力。上述制度共同构成了检察机关内部的刑讯逼供控制机制。

与此同时，20世纪90年代以来，检察院、法院对侦查机关尤其是公安机关刑讯逼供的外部权力监控逐一增强。例如1993年《最高人民检察院、公安部关于加强检察、公安机关在查办刑讯逼供案件中密切配合的通知》中，要求在办理刑讯逼供案件时，公安、检察机关要互相支持、协同配合，及时查处；还要求发案单位应自觉接受监督、检查，不得掩盖、推脱或设阻干扰。1998年“两高”司法解释中要求检察院、法院不得将刑讯逼供之口供作为起诉根据或定案根据；1999 年最高人民检察院印发《关于人民检察院直接受理立案侦查案件立案标准的规定(试行)》中出台了刑讯逼供罪的立案标准。21 世纪后，检察院、法院对侦查机关刑讯逼供进行专项治理并增强重点监督，将刑讯逼供作为专项监督或重点监督对象。特别是鉴于一些刑事错案的发生，部分地方刑事证据规则、2010 年的两个证据规定与 2012 年《刑事诉讼法》的修改，都肯定或增加了国家试图通过检察院、法院的监督、非法证据排除等方式遏制侦查机关刑讯逼供的决心与措施。

然而，20 世纪 90 年代以后，国家处境尴尬，既需应对一波波汹涌而至的犯罪浪潮，同时又必须与愈演愈烈的刑讯逼供陋习作战。在当时严峻的犯罪背景下，因口供供需失衡，且没有其他有效的替代性证据供给，刑讯逼供成为有些办案人员的常规路径依赖，由此造成了国家在犯罪控制与刑讯逼供治理之间的严重冲突，而对任一部分的失控或偏颇，都将造成国家威信失落与形象危机。国家进退维谷的“合法性焦虑”，显然需要一种对上述冲突合理的、动态的政治平衡术或国家治理术，这表现在：一是“严打”运动与“刑讯治理”运动的交替出现；二是常规化、系统化的刑讯逼供遏制措施难以建立，即使法有明文，但或者因操作难题而只具象征性功能，或者经常被虚置；三是刑讯逼供者往往因其侦破犯罪的“功劳”或“苦劳”，而被惩罚轻缓化；四是检察机关作为法律监督机关，虽然一直强调侦查监督，却并未对审讯过程进行有效监控。[1]

三、采取“软审讯法”

自 20 世纪初开始，美国警察的刑讯逼供行为越来越受到社会的关注。美国的一些组织机构在 20 世纪 30 年代就进行了一系列关于警察在

---

[1] 陈冀平等主编：《司法改革内刊》2015 年第 1 期，第 232 页。

讯问中是否违法的调查。由于刑讯逼供依然成为某些警察的不良习惯，所以要遏制刑讯逼供就必须运用适当的方法来改变其行为模式。人们在选择行为方式时往往要考虑行为的成本和收益，而且一般都会选择较低的成本、较高的收益。在刑事司法实践中，如果获取口供是一条成本较低而收益较高的侦查路径，那么侦查人员在抓获犯罪嫌疑人后就会首选获取口供并在必要时使用刑讯逼供的侦查路径。由此可见，要想阻止侦查人员选用这个路径，就必须使其效率降低，并且提供更佳路径。美国的应对措施主要有三个方面：一是提高刑讯逼供的成本。主要是指加强法律对审讯活动的制度建设，形成针对审讯的制约机制，提高侦查人员进行刑讯逼供的难度。例如建立犯罪嫌疑人沉默制度，建立讯问时律师在场制度，建立讯问录音或录像制度等。当然这些制度的建立未必能够完全杜绝刑讯逼供，但可以让刑讯逼供更难实施，花费的力气更大，从而使一些侦查人员放弃刑讯逼供的方式侦查。在这一方面，美国最高法院于 1966 年确立的“米兰达告知规则”就很有代表性。显而易见，米兰达告知规则加强了法律对警察讯问的约束，提高了警察对刑讯逼供的难度；同时，这种明示的沉默权制度确实更加有效地遏制了刑讯逼供，并提高了审讯文明程度。二是降低刑讯逼供行为的收益。刑讯逼供行为获取的收益包括侦查破案之后的心理满足、精神鼓励和物质鼓励等，而这些收益的基础是通过刑讯逼供获取的口供。从这个意义上讲，刑讯逼供行为的直接收益就是犯罪嫌疑人的口供，而口供的价值主要体现在认定案件事实的证据。如果刑讯逼供获得的口供不能作为认定案件事实的证据，刑讯逼供就成为没有收益的无效劳动，侦查人员使用刑讯逼供的动力就会大打折扣。由此可见，要想通过收益来遏制刑讯逼供，就要建立切实有效的非法证据排除规则。在美国，传统的口供采纳标准是自愿性。凡是违背犯罪嫌疑人和被告人自愿而获得的口供都是非法证据，应该在审判中排除。但如何确认犯罪嫌疑人和被告人的口供是否处于自愿，在司法实践中比较难以把握，而米兰达告知规则的诞生，则改变了这种状况。按照米兰达告知规则，凡是警察按照该规则事先告知后获取的口供就可以采纳，凡是没有按照该规则进行告知而获取的口供就不能采纳。即米兰达告知是证明口供自愿性的唯一标准。这个标准简单易行，但也有弊端，因为嫌疑人自愿作出的有罪供述在某些情况下也会因此而排除。三是研发替代刑讯的科学审讯方法。法律对审讯行为的规制在一定程度上催生了新的审讯方法。正如《审讯与供述》的作者弗雷德·英博教授所说的，“我们应该采取措施来防止不正当的审讯行为，但我们不能采取消极的控制方法，我们应考虑审讯和执法的效率”。警察不能使用刑讯逼供的方法了，就必须寻求其他方法让犯罪嫌疑人张口说话。于是“软审讯法”应运而生。

所谓“软审讯法”是建立在心理科学和行为科学之上的审讯方法，其基本模式是在分析被审讯人的心理特征和行为特点的基础上，通过语言或其他模式来说服犯罪嫌疑人如实供述，不是硬逼着犯罪嫌疑人供述，而是以软的方式说服犯罪嫌疑人，让其自愿供述。其中，《审讯与供述》的另一位作者，雷德联合学校的创办人约翰·雷德在总结大量审讯实践经验基础上研发的“雷德审讯技术”和“九步审讯法”就很具有代表性。“九步审讯法”的基本步骤如下：第一步，审讯者直接正面地告诉被审讯人，他已被视为本案的犯罪嫌疑人，然后观察他的反应；第二步，审讯者说出自己对实施该犯罪行为的原因推测，从而给有罪的被审讯人提供一个可以在道德上为自己开脱的理由；第三步，审讯者打断被审讯者的无罪辩解，并回到第二步的主题上；第四步，审讯者打断被审讯人关于该犯罪原因的辩解；第五步，审讯者要努力抓住被审讯人的注意力；第六步，审讯者应加强与被审讯人的目光接触，以克服其消极的对抗情绪；第七步，审讯者使用一组选择疑问句来让被审讯人以可以接受的方式承认该犯罪行为；第八步，审讯者让被审讯人讲出该犯罪行为的某些只有作案人自己知道的细节；第九步，审讯者让被审讯人讲出全部犯罪事实并制作书面供述。综上，软审讯法是刑事司法文明的产物，也是法律加强对审讯规制的产物。在现代文明社会中，法律不允许侦查人员采用野蛮的刑讯方法获取犯罪嫌疑人或被告人的口供。特别是米兰达告知规则赋予犯罪嫌疑人明示的沉默权和随时随地的会见律师的权利之后，侦查人员很难使用刑讯逼供等“硬审讯法”来获取口供。然而，犯罪嫌疑人口供在犯罪侦查中往往具有重要的证明价值和线索价值，因此，侦查人员只好改变对策，另辟新径，于是就研发了软审讯法。在当下中国倡导软审讯法具有重大的意义。[1]

四、引入科学技术提升侦查质量

20 世纪以来，各种以人身识别为核心的刑事科学技术层出不穷。齿痕鉴定、唇纹鉴定、声纹鉴定以及眼球视网膜鉴定都成了人身认定可靠的“身份证”。以 DNA 技术为例，自从 1985 年国际上首次报道 DNA 指纹技术应用于刑侦鉴定以来，DNA 检验凭借其灵敏度高、准确性强、可检验的物证种类多，且极微量检材就可以准确认定犯罪嫌疑人等技术优势，在侦查破案中发挥着日益显著的作用，成为同一认定中最准确的人身识别新技术，被称为“基因指纹”。1998 年 10 月，美国就建立了联邦罪犯 DNA 数据库，对凡属于法院判决有罪的人，均采集 DNA 样品，然后进行检测，之后将结果存入计算机。目前已有超过 26 个州与联邦 DNA 数据库联网。我国重新犯罪率较高，不妨借鉴这一方法，建立 DNA 罪犯数据库。这对于侦查实务中确认犯罪嫌疑人，加快破案速度十分有利。

科学技术再精确也永远无法达到完美，由于人为误差、检材污染以及操作的不规范等各个方面的干扰和影响，DNA 鉴定技术仍然有出错的可能。鉴于此，有的学者、专家的调查报告对 DNA 技术提出了一些完善性建议和标准操作规程，以求最大限度地降低或者避免鉴定出现差

---

[1] 赵东平：“论美国九步审讯法中的‘夸大策略’及其借鉴意义”，载《暨南学报》2014 年第 10 期。

错。笔者认为，应建立中立的法庭科学实验室。该实验室的组成人员应当由独立的第三方，资金的预算应由独立于警方之外的政府出资，以减少警方对鉴定工作的影响和控制；法庭科学从业人员的准入以及监管方面加大培训力度以支持 DNA 监测和评估工作的推广；坚持建立 DNA 证据最低标准；政府应当提供足够的资金建立和发展广泛的 DNA 数据库；如果犯罪嫌疑人或被告人认为自己是无辜的，他们可以向法院申请运用 DNA 数据库来查找认定其他真正的罪犯；设立不知情检测人规则，即进行 DNA 检测的工作人员，不知道谁是嫌疑人，这样有利于鉴定的客观公正，如果已经知道某个检材是哪个嫌疑人的，就容易产生偏见。除了 DNA 鉴定技术的完善以及相关软件的配套跟进之外，还应对“垃圾科学”进行坚决排除，一些“垃圾科学”打着科学的幌子混入法庭，造成不少刑事错案，应将这些垃圾科学汇总予以坚决排除。

五、提高对侦查行为的监督和纠正

刑讯逼供、违法侦查等行为在世界各国都屡见不鲜，因此，对侦查行为有必要进行外部监督。首先，由政府进行监督。政府应对民众投诉的问题进行汇总并分类整理，形成调研报告，将这些调研报告层层上报，最后报送到全国人大，全国人大适时通过立法来规范警察的某些行为。另一种形式的监督，是公安督察队，将警察的不法行为直接投诉到管理警察的机构，对警察的某种行为，及时控制。其次，大众传媒的监督，虽然大众传媒本身没有实施司法变革的权力，但有关警察破案的新闻报道同样可以达到对侦查行为的监督和制约效果。一方面，大众传媒可以通过对错案的揭露以及深入系列的报道，唤醒民众和政府对侦查违法行为的关注和监督，完善现行司法体制，推动司法改革；另一方面，对于正在发生的违法侦查行为，受害者可以借助媒体的放大效应，引起多方关注，借此拓展其平反刑事错案的渠道。再次，在社会上招募志愿者，成为民间冤情调查员，对侦查行为进行监督。这些冤情调查员是在警察机构之外独立工作，负责调查解决民众投诉。他们没有直接控制警察机构的权力，他们也不能惩罚侦查的不当行为。他们的职责是，将投诉聚集汇总，提交到警察机构、政府机构、司法机构，寻求更高一层的监督和控制，最终间接实现对侦查行为的监督。

对于侦查行为的监督和制约不仅需要外部控制，内部控制同样不可或缺。因为外部控制更多的带有被动性和预防性，而且有些外部控制如果把握不好，甚至可能过犹不及，会对侦查工作产生不良影响。如，在媒体的错误引导下的民意情绪的干扰，往往会使侦查人员在侦查决策上缺乏自信。而且外部控制多为间接控制，见效慢，更适于长远规划。而内部控制更多是从警察组织内部出发，针对性强、见效快、及时性高。对于侦查行为从内部控制出发应作出如下具体工作。首先，逐步实现侦查职业化，通过警察职业模式来对警察实行内部控制。例如，规定严格的入警条件以及较为漫长的警务培训，这些都是为了确保能力优秀的人才充实到侦查队伍中去。很多容易导致错案的侦查行为可能是由于警察缺乏经验或者疏忽大意而产生，因此，针对避免错案的侦查培训必不可少，而培训的内容也主要涉及最容易产生错案的各项具体侦查行为。其次，在组织内部对侦查行为的官僚监督和控制，就是警察部门中上级官员对下级侦查人员的直接领导、调控以及通过内部规定来监督控制侦查行为。这种对侦查行为的监督和控制模式相对灵活，且方法多样。如，警察部门中的侦查管理者除了对违法、不当侦查行为的实施者实行相应的惩罚外，还对恰当高效的侦查行为进行奖励，在侦查工作中引导一种正确、合法的侦查行为倾向，最大限度地避免刑事错案。

第二节 | 坚持疑罪从无

疑罪从无源于历史上的“有利被告”原则，但其之所以能够在各国成为一项普遍遵循的重要司法规则，关键是其与现代民主、法治、人权等价值理念的契合。疑罪从无是人权保障理念的内在要求，任何时候，我们绝不能为了打击犯罪而忽视被追诉者的人权保障，绝不能以牺牲对人权的保障为代价去片面追求惩罚犯罪，甚至错判无辜、出现冤假错案。我国 1996 年修改《刑事诉讼法》的时候，就在当时第 162 条第（三）项明确规定：合议庭经过审理评议后，认为“证据不足，不能认定被告人有罪的，应当作出证据不足、指控的犯罪不能成立的无罪判决”。所以，从那时起，如果法院严格执行法定的证明标准，敢于在“疑罪”的情况下作出“无罪判决”，就可以防止刑事错案的发生。

一、宁可错放也不错判

从目前发现的刑事错案来看，绝大多数是在证据不足，达不到法律规定的证明标准时作出了有罪的判决，酿成刑事错案。我们现在要做的工作，就是认真分析法院在证据不足的情况下作出有罪判决的原因，采取针对性的措施，让法院敢于作出“疑罪从无”的判决。

法院在“疑罪”的情况下没有作出无罪判决，有“不敢”“不愿”和“不能”三种情况。所谓“不敢”，是指法院迫于领导人批示、公诉方施压、被害人缠讼和社会舆论攻击的强大压力，明知证据不足，不敢作无罪判决。所谓“不能”，是指有的法官能力有限，把握不好证明标准，把本来属于证据不足的案件，当作证据“确实、充分”的案件，从而作出了有罪判决；所谓“不愿”，是指有的审判人员本身存在“有罪推定”的思想意识，宁愿错判，也不愿错放。在疑罪的情况下，法院作出无罪判决，可以起到“一箭四雕”的作用：第一，能够防止发生刑事错案。第二，督促侦查机关、公诉机关严格依法收集、审查判断证据，坚持证明标准，对依法进行侦查、审查起诉工作形成倒逼机制。河南省高院张立勇院长曾经说过：“赵作海案件的主要责任还是在法院，是我们的纵容导致了公安机关刑讯逼供。我们决不能回避这个问题。”“对事实不清、证据不足的案件，我们要敢于宣告无罪。宣告无罪也是对公安、检察环节的监督，督促他们继续调查补充新证据。”第三，有助于推进以审判为中心的诉讼制度改革。第四，在全社会传播先进的法治理念，营造尊重和保障人权的社会氛围，推进法治中国建设。

司法实践证明，在刑事诉讼中落实人权保障的要求，落实宪法关于公民自由权利的规定，就应当坚定不移地贯彻疑罪从无规则，任何形式的疑罪从挂、疑罪从轻都是疑罪从有思想在作祟，必须坚决予以摒弃，否则等待我们的必将是一桩又一桩让法律人感到耻辱的刑事错案。疑罪从无是秩序和自由的价值选择。疑罪从无的最大风险就是有可能放纵犯罪，而疑罪从有的最大恶果就是有可能出现刑事错案。应当说，两种结果都是我们不愿意看到的，但在必须作出抉择的时候，就要权衡哪种结果对社会秩序的破坏更大。在法治发展进步的今天，“宁枉勿纵”肯定是不合时宜的，“不枉不纵”也只是一种理想状态，为此，我们应当转换一下思路，这就是“宁可错放，也不可错判”。一项好的制度并不能保证百分之百地做到不放掉一个坏人，但应当百分之百地保证不冤枉一个好人。因此，即使实行疑罪从无可能导致放掉一个坏人，我们也不能因噎废食轻易否定该项制度。事实上，任何一项制度的确立和实施，都不可能是没有任何代价的。疑罪从无是司法民主理念的必然要求。在尊重和保障被告人各项诉讼权利的基础上，如果仍然出现疑案的情形，则应遵循疑罪从无的要求作出裁判，使案件得到公正处理，让民众在看得见的诉讼程序中感受到公平正义。当事实真伪不明之时，法律决不可模棱两可，而必须给出一个确定的、唯一的“交代”，唯有如此才能体现法律的预设性和确定性。疑罪从无是程序法治原则的重要体现。程序法治原则的核心就是规范和制约公权力，尊重和保障人权。刑事诉讼事关公民的生命、自由和财产，必须要按照程序法治原则的要求，建构正当的诉讼程序。在程序法治观念和制度下，反对刑讯逼供、反对违法取证都是应有之义，刑事司法人员必须遵循法定程序，严格依法办案，其要为违反法定程序的行为承担相应后果，给予必要的制裁；严重的程序违法不仅要追究有关人员的责任，还可能导致诉讼不能继续进行、相关证据被依法排除，进而产生证据不足、指控的犯罪不能成立、被告人被宣告无罪的后果。

二、摒弃"留有余地"判决

在司法实践中，无论是侦查机关、公诉机关还是审判机关，主观上当然都不希望出现疑案，然而，受制于各种现实的客观因素，疑案在一定条件下又不可避免地会出现，疑罪从无就是处理疑案的一种技术性手段和方式。疑罪从无是遵循认识规律的必然结果。特定时空条件下，办案人员的诉讼认识活动除了受到认知能力和水平等限制外，还会受到证据掌握状况、诉讼期限、运行程序和规则、司法执法环境等方面的制约，有些案件客观上就是破不了、抓不到、诉不了、判不了。在刑事司法实践中，我们既要坚持以辩证唯物主义认识论为指导，坚信事实真相是可知的，是可以被认识的，但同时我们也要清醒地看到，人们对于事实的认识是有局限性的，在特定条件下有些事实真相尚难以全面揭示。所以，无论是查清事实后判决有罪或者无罪，还是出现了疑案作出无罪处理，都是遵循认识规律的必然结果，在这一点上二者并无本质的区别。疑罪从无是全面落实刑事诉讼目的的重要方式。刑事司法人员应当正确认识到：证据确实充分条件下的有罪判决、无罪宣告以及有罪指控存疑时的疑罪从无，都是刑事案件经过公正审判后的正常处理方式，都能从不同方面推动实现刑事诉讼的目的，绝不可以认为诉讼的进行，非要法院最终作出有罪判决才是实现了"案结事了"。我们在追求疑罪从无目标的同时，对极少数案件由于种种原因，未能做到疑罪从无也要有一定的容忍度，做到鼓励正确、宽容错误，否则将会束缚办案人员的手脚，使疑罪从无走向另一个极端——只要有疑点就不敢下判，这无疑可能会放纵犯罪，且与我们积极倡导疑罪从无的初衷是相悖的。强化控辩审三方的相互制约。做好刑事司法工作，靠法院一家单打独斗是行不通的，公检法机关必须在依法履职的基础上加强互相配合，这有利于形成工作合力、发挥制度优势以提高刑事司法的整体水平。但更重要的还是要加强互相制约，因为“分工负责”绝对不是为了更好地配合，而是为了更加有效地相互制约，否则就没有分工的必要。

当疑案情形出现时，就是要通过一个又一个案件的撤销、不起诉、宣告无罪，逐步引导和规范侦查、起诉、审判各环节的追诉活动，使刑罚权的使用真正规范起来，切实避免任何形式的滥用。疑罪从无是防范刑事错案的唯一选择。对于那些既不能充分证明，又不能排除合理怀疑，达到内心确信的所谓“疑案”如何处理，这是任何诉讼制度都会碰到的难题。对于疑案，仅从概念上讲不枉不纵并不能解决实际问题。因为诉讼中，特别是司法审判这一最后阶段，无论是追求“不错放”还是“不错判”，都是两难的选择。客观地说，“错放”抑或“错判”都背离了我们追求的目标，但“两害相权取其轻”，我们宁可放掉可能的坏人，也不能冤枉真正的无辜。

三、构建疑罪从无规则体系

疑罪从无是应对司法资源有限性的客观需要。让真正的罪犯逍遥法外，是最大的打击不力和最大的司法不公。不按照疑罪从无规则去处理，搞不恰当的“留有余地”，势必会使可能的罪犯逃脱制裁，将来即使能够纠正也会增大追究成本；如果按照疑罪从挂处理，久押不决，在人财物等各方面只会增添更大的负担。权衡再三，疑罪从无是司法资源有限条件下处理疑案的不二选择。疑罪从无是规范司法权行使的现实要求。一段时期以来，针对不断发生的刑事错案问题，中央各政法主管部门积极研究出台相关政策措施，不断加强和改进执法办案工作，在及时依法纠错的同时，尽最大努力防范冤假错案。公安部强调“今后凡是被法院判决无罪的案件，各地公安机关都要逐案解剖、点评、通报”。这显然是一个好的动向，也是我国刑事诉讼由过去的侦查中心主义向审判中心主义转变的一个不可忽视的重要信号。

要建构起适用于刑事诉讼各个阶段的疑罪从无思想和规则体系，使疑案出现时能够自动转入“疑罪从无”的运行轨道，不能排除合理怀疑则应作“从无”处理，能够排除合理怀疑则转入正常轨道运行并定罪量刑。思想上牢固树立疑罪从无观念。树立疑罪从无的观念，必须突破部门本位主义的藩篱，以公平正义作为共同的履职目标和价值追求，所有的诉讼行为都应朝着证明和查清事实方向努力，无论是有利还是不利于被告人的证据都应该完整地进入案卷，在程序流转过程中将涉及定罪量刑的所有证据移交至下一环节，这对于确保案件质量非常重要。

健全疑罪从无相关的配套制度。刑事证据制度的构建必须遵循刑事证据三原则，即无罪推定原则、证据裁判原则和程序法治原则。这三项原则业已成为现代刑事证据乃至整个刑事诉讼制度的基石。要落实疑罪从无各项要求，除了要完善有关诉讼程序和具体证据规则之外，从根本上讲，必须要有完备的证据制度体系予以保障，而只有在上述三原则的指导下，才能建立起取证、举证、质证和认证相互衔接、内在统一的证据制度体系。我们既要立足中国国情、认真总结经验，又要全面考察、积极借鉴域外证据制度发展成果，包括英美法系的证据法典、大陆法系诉讼法典中的证据制度以及国际公约中的证据规则，本着立足当前、着眼长远、循序渐进、适度超前的原则，努力构建起具有中国特色和国际领先地位的科学、合理、务实、可行的证据制度体系。

定罪证据不足的案件，应当坚持疑罪从无原则，依法宣告被告人无罪，不得降格作出“留有余地”的判决。定罪证据确实、充分，但影响量刑的证据存疑的，应当在量刑时作出有利于被告人的处理。死刑案件，认定对被告人适用死刑的事实证据不足的，不得判处死刑。重证据，重调查研究，切实改变“口供至上”的观念和做法，注重实物证据的审查和运用。只有被告人供述，没有其他证据的，不能认定被告人有罪。采用刑讯逼供或者冻、饿、晒、烤、疲劳审讯等非法方法收集的被告人供述应当排除。除情况紧急必须现场讯问以外，在规定的办案场所外讯问取得的供述，未依法对讯问进行全程录音录像取得的供述，以及不能排除以非法方法取得的供述应当排除。现场遗留的可能与犯罪有关的指纹、血迹、精斑、毛发等证据，未通过指纹鉴定、DNA 鉴定等方式与被告人、被害人的相应样本作同一认定的，不得作为定案的根据。涉案物品、作案工具等未通过辨认、鉴定等方式确定来源的，不得作为定案的根据。对于命案，应当审查是否通过被害人近亲属辨认、指纹鉴定、DNA 鉴定等方式确定被害人身份。

庭前会议应当归纳事实、证据争点。控辩双方有异议的证据，庭审时重点调查；没有异议的，庭审时举证、质证适当简化。审判案件应当以庭审为中心。事实证据调查在法庭，定罪量刑辩论在法庭，裁判结果形成于法庭。证据未经当庭出示、辨认、质证等法庭调查程序查证属实，不得作为定案的根据。采取技术侦查措施收集的证据，除可能危及有关人员的人身安全，或者可能产生其他严重后果，由人民法院依职权庭外调查核实的外，未经法庭调查程序查证属实，不得作为定案的根据。依法应当出庭作证的证人没有正当理由拒绝出庭或者出庭后拒绝作证，其庭前证言真实性无法确认的，不得作为定案的根据。保障被告人及其辩护人在庭审中的发问、质证、辩论等诉讼权利。对于被告人及其辩护人提出的辩解理由、辩护意见和提交的证据材料，应当当庭或者在裁判文书中说明采纳与否及理由。定罪证据存疑的，应当书面建议人民检察院补充调查。人民检察院在两个月内未提交书面材料的，应当根据在案证据依法作出裁判。

合议庭成员共同对案件事实负责。承办法官为案件质量第一责任人。合议庭成员通过庭审或者阅卷等方式审查事实和证据，独立发表评议意见并说明理由。死刑案件，由经验丰富的法官承办；审判委员会讨论案件，委员依次独立发表意见并说明理由，主持人最后发表意见。原判事实不清、证据不足，二审人民法院查清事实的，不得发回重新审判。以事实不清、证据不足为由发回重新审判的案件，上诉、抗诉后，不得再次发回重新审判。不得通过降低案件管辖级别规避上级人民法院的监督。不得就事实和证据问题请示上级人民法院。复核死刑案件，应当讯问被告人。辩护律师提出要求的，应当听取意见。证据存疑的，应当调查核实，必要时到案发地调查。重大、疑难、复杂案件，不能在法定期限内审结的，应当依法报请延长审理期限。建立科学的办案绩效考核指标体系，不得以上诉率、改判率、发回重审率等单项考核指标评价办案质量和效果。

严格依照法定程序和职责审判案件，不得参与公安机关、人民检察院联合办案；切实保障辩护人会见、阅卷、调查取证等辩护权利，辩护人申请调取可能证明被告人无罪、罪轻的证据，应当准许；重大、疑难、复杂案件，可以邀请人大代表、政协委员、基层群众代表等旁听观审；对确有冤错可能的控告和申诉，应当依法复查。原判决、裁定确有错误的，依法及时纠正；建立健全审判人员权责一致的办案责任制。审判人员依法履行职责，不受追究。审判人员办理案件违反审判工作纪律或者徇私枉法的，依照有关审判工作纪律和法律的规定追究责任。

第三节　坚持证据裁判规则

在任何时候，任何情况下，对任何案件，在事实、证据问题上，都绝对不能含糊，绝对不能打折扣，绝对不能冒一丝一毫风险。当前，在全面推行社会稳定风险评估机制的背景下，广大刑事法官默默承担着巨大的压力，以临深履薄的审慎态度，准确把握证据标准，严把案件事实、证据关，真正做到“不能采信的证据不采信，不能认定的事实不认定，不能维持的判决不维持”，把每一起案件都办成铁案，对关键证据存在瑕疵、关键证据来源不清、没有客观性证据、发案年久而侦查工作存在瑕疵和原始证据缺失等不符合死刑证据规格的案件，坚决不判处死刑。

一、严格证据标准

将“排除合理怀疑”写入我国刑事诉讼法作为对“证据确实、充分”证明标准的解释，是对英美证据法理论与制度的借鉴。排除合理怀疑是人类认识活动规律在刑事诉讼中的体现，很好地反映了现代社会的价值选择，能够实现“疑罪从无”的人权保障观念，确保事实认定者作出正确的决定，同时也有利于减少错判的风险。[1] 但是“排除合理怀疑”自身就是一个较为复杂的问题，需要在借鉴域外经验的基础上，结合我国实际加以理解与运用。

作为其发源地的英美法系国家对“排除合理怀疑”的证明标准在立法中并没有作出明确的解释，有人认为是指每个陪审员必须95%或99%相信被告人有罪，也有人认为是指若没有其他对证据的解释是合理的，则起诉方已经完成了证明被告人有罪的举证责任。[2] 日本刑事诉讼法中对刑事证明标准没有明确规定，而是通过判例和法理确认了排除合理怀疑的证明标准，但实践中也存在“任何人对真实性都确信无疑”“高度的盖然性”等表述。一般认为“高度盖然性”标准是双重肯定的评价方法，“无合理怀疑”是排除否定的评价方法，二者是同一判断的表里关系，在达到不允许相反事实可能存在的程度上，二者在程度上无很大差异。[3] 而在我国，全国人大常委会法制工作委员会刑法室对“排除合理

---

[1] 樊崇义、张中：“排除合理怀疑：刑事证明的新标准”，载《检察日报》2012 年 5 月 16 日第 3 版。

[2] 爱伦·豪切斯泰勒·丝黛丽、南希·弗兰克：《美国刑事法院诉讼程序》，陈卫东、徐美君译，中国人民大学出版社 2002 年版，第 72 页。

[3] 田口守一：《刑事诉讼法》，刘迪、张凌、穆津译，法律出版社 2000 年版，第 223 页。

怀疑”的解释是“对于事实的认定，已没有符合常理的、有根据的怀疑，实际上达到确信的程度”。[1] 因此，在中国法语境下，对“排除合理怀疑”有学者认为：首先，关键在排除“合理”的怀疑，即具有正当理由而非任意妄想的怀疑。其次，我国传统证据理论一般从逻辑学的角度将“事实清楚，证据确实、充分”的标准解释为“唯一性”“排他性”。从理论上来说，其标准是高于“排除合理怀疑”的。但根据上述解释，“排除合理怀疑”的实质是要求法官确信指控的犯罪事实的存在，在这一点上，与“唯一性”是相通而可以互换的。因此，在理解和运用“事实清楚，证据确实、充分”标准时，是可以借助“排除合理怀疑”的说法，因为毕竟只有排除了合理怀疑，才能达到唯一性、排他性。

与此同时，正确理解“排除合理怀疑”还应当对其定位进行明确的认知。对于将“排除合理怀疑”写入刑事诉讼法，立法机关的解释为：“‘证据确实、充分’具有较强的客观性，但司法实践中，这一标准是否达到，还是要通过侦查人员、检察人员、审判人员的主观判断，以达到主客观相统一。只有对案件已经不存在合理的怀疑，形成内心确信，才能认定案件‘证据确实、充分’。这里使用‘排除合理怀疑’这一提法，并不是修改了我国刑事诉讼的证明标准，而是从主观方面的角度进一步明确了‘证据确实、充分’的含义，便于办案人员把握。”[2] 立法机关认识到对案件事实的认定必然包含着裁判者的主观判断，故不能仅从客观的角度界定证明标准，而“排除合理怀疑”作为“证据确实、充分”在人的主观方面要求达到的标准，不仅符合人的认识规律，而且更具可操作性。根据上述解释，“排除合理怀疑”定位是“证据确实、充分”标准的判断依据，是对“证据确实、充分”的解释。“排除合理怀疑”是“证据确实、充分”的必要条件，而非充分条件，将“排除合理怀疑”写入刑事诉讼法，只是为在司法实践中如何判断“证据确实、充

---

[1][2] 全国人大法制工作委员会刑法室：《关于修改中华人民共和国刑事诉讼法的决定：条文说明、立法理由及相关规定》，北京大学出版社2012年版，第53页。

分”增加了一个容易掌握的主观性标准，而非对长期坚持的“排他性”“唯一性”标准的动摇。[1]

进入庭审的案件要达到“案件事实清楚，证据确实充分”的法定要求。对我国《刑事诉讼法》第53条规定的证明标准，必须统一认识，统一把握，才能使法庭作出既具有法律效力，又具有权威性的裁判。特别是对《刑事诉讼法》第53条所规定的“排除合理怀疑”这一标准的理解和把握。笔者认为，“排除合理怀疑”首先是建立在全案证据的基础上所得出的结论，不能脱离本案经过庭审查证属实的证据体系，而空谈排除合理怀疑。排除合理怀疑有四层含义：首先，它是一个道德标准，要求办案人员对证据的运用，要具备良心，不能歪曲事实；其次，它是一个理念性的标准，而不是一个数量标准；再次，怀疑必须是一个具体的、正当的、有根据的怀疑，不是妄想式的胡思乱想；最后，办案人员在全案证据查证属实后，再加上自己的经验判断、逻辑思维、自由裁量，得出一个客观公正、排除了其他可能性的结论。总之，正确理解排除合理怀疑，才能使以审判为中心的诉讼制度改革，达到确保案件质量，防范错案的目的。

在审判阶段，一是准确把握定罪证据标准。对关键性证据缺失，或者主要证据存在疑问，不能得到合理解释，达不到确实、充分要求的，应及时建议检察机关补充侦查，由检察机关将案件退回公安机关补充侦查或自行侦查。如果法官今天在事关案件质量的问题上作无原则的退让、迁就，就可能为明天发生刑事错案埋下隐患。一旦出现错案，事过时移，当时的各种外部压力都不能成为办错案的理由，法官将难辞其咎。在错案风险和闹访可能“两害”之间权衡，只能做出取其轻的“明智”选择。二是准确把握量刑证据标准。当据以定罪的证据达到了确实、充分的裁判标准，但对影响量刑的事实、证据存在疑问时，应积极

---

[1] 陈光中：《〈中华人民共和国刑事诉讼法〉修改条文释义与点评》，人民法院出版社2012年版，第68页。

促使公安、检察机关补查补证，补查补证之后仍然达不到死刑案件标准的，在量刑上留有余地，绝不降低标准“带病上报”。

在司法实践中，要创新工作方式，不断提高证据审查能力。法官不断提高工作的主动性、灵活性和创新性，促进证据审查能力的不断提高。对不予核准案件组织全体法官学习，由原审承办人汇报一审、二审和复核审情况，并逐件剖析，经审查委员会讨论后下发全省各中院，并抄送省检察院、省公安厅，重在举一反三，将证据审查的标准和要求向最高人民法院校正，力求准确把握最高人民法院精神。针对有的地区案件存在的突出问题，将该地区案件集中起来，审判长联席会程序前移至准备庭，逐案剖析，帮助承办人、合议庭全面把好案件的事实关、证据关、程序关、法律适用关和裁判文书关，并对发现的问题进行系统梳理，有的放矢地提出明确的指导意见。

证据是诉讼的基石，是保证案件质量的核心，在刑事诉讼中，控、辩、审各项诉讼职能的行使，要做到以审判为中心，就必然要坚持证据裁判原则。当前坚持证据裁判原则必须解决三个问题：一是必须紧紧围绕本案证明对象收集证据。按证据法学的说法就是对证明对象中犯罪构成要件的事实缺少证据证明，任何一种犯罪在证明对象中，必须解决“七何”要素，即“何人、何事、何时、何地、何方、何因、何果”，这七个要素缺少任何一个都无法证明犯罪的构成问题；每一个“何”，都要有确实可靠的证据加以证明，才能称为“充分”；证据收集不全，就会导致法庭审理不能顺利进行或案件认定错误。二是全面贯彻证据裁判原则，必须抓住严格依法收集、固定、保管、移送、出示、质证、辨认、认证等运用证据的各个环节，以保证证据的证明力。三是严格依法排除非法证据。在证据收集这一环节，特别要注重案发后客观性证据的收集。最高人民法院 2012 年 12 月 20 日公布的《关于适用〈中华人民共和国刑事诉讼法〉的解释》（以下简称《刑事诉讼法解释》）第 72 条规定：“对与案件事实可能有关联的血迹、体液、毛发、人体组织、指纹、足迹、字迹等生物样本、痕迹和物品，应当提取而没有提取，应当检验而没有检验，导致案件事实存疑的，人民法院应当向人民检察院说明情况，由人民检察院依法补充收集、调取证据或者作出合理说明。”2013 年 11 月 21 日发布的最高人民法院《关于建立健全防范刑事冤假错案工作机制的意见》第 9 条规定：“现场遗留的可能与犯罪有关的指纹、血迹、精斑、毛发等证据，未通过指纹鉴定、DNA 鉴定等方式与被告人、被害人的相应样本作同一认定的，不得作为定案的根据。涉案物品、作案工具等未通过辨认、鉴定等方式确定来源的，不得作为定案的根据。对于命案，应当审查是否通过被害人近亲属辨认、指纹鉴定、DNA 鉴定等方式确定被害人身份。”这些规定对冤假错案件的防范起到决定性的作用。[1]

以审判为中心的诉讼制度改革的一个重要目标就是确保案件的质量，防范刑事错案。为此，必须坚持非法证据排除规则的贯彻和实施。但是，自 2012 年《刑事诉讼法》实施以来，关于非法证据排除规则的实施，出现两个急需解决的问题：一是司法机关对诉讼中的非法证据不愿意排除，不敢排除，怕排除后案件认定无据，诉讼无法进行，所以，在实践中非法证据排除的案例非常少。二是对什么是非法证据的范围立法规定不明确，尤其是对何为“威胁、引诱、欺骗”？法律并未明确规定；非法取证的手段多样，形形色色的变相刑讯逼供，急待司法解释给以明确界定；只有非法证据的定义明确了，才能依法进行排除。我国的法律既然把排除非法证据的主要责任交给了人民法院，人民法院就应当切实担负起排除非法证据的责任。各级人民法院应当督促法官履行这个重大职责，通过改革完善制度，为法官排除非法证据提供坚强的后盾。各个法官不仅要做到清正廉洁，自身干净，也应当像最高人民法院常务副院长沈德咏说的那样，“要有一点铁面无私的思想境界”，“敢于拿起法律制度武器，敢于坚持原则”，守住排除非法证据的底线。非法证据

---

[1] 樊崇义：《刑事错案防范标准》，中国政法大学出版社 2015 年版，第 236 页。

是刑事错案的罪魁祸首，非法证据不排除，刑讯逼供不排除，刑事错案就不可能得到根除。

二、非法证据排除应实行无因启动

如何落实非法证据排除规则，笔者认为，在排除程序上要实行“无因启动”。只要被告人或辩护人提出请求，就应当“无因启动”非法证据排除程序。程序启动后，由侦查和公诉机关承担证明责任，并提供完整、连续的全程录音录像，还要显示讯问场所、时间及整个过程，被告人羁押时的入所健康检查情况记录等，必要时还应当由公诉机关通知侦查人员出庭作证，证明没有刑讯逼供、诱供等非法取证现象。经审查，只要存在非法取证可能的，必须坚决排除。由于非法证据排除程序是“案中之案”，具有系统性，涉及面很广，加之有关规定对于程序中“非法方法”等规定过于原则、笼统，以致实践中较难把握，集中体现在以下几个方面。

一是非法言词证据的范围问题。《刑事诉讼法》对于非法言词证据概念的界定基本沿用了《关于办理刑事案件排除非法证据若干问题的规定》的表述，规定“采用刑讯逼供等非法方法收集的犯罪嫌疑人、被告人供述和采用暴力、威胁等非法手段取得的证人证言、被害人陈述，属于非法言词证据”。《刑事诉讼法解释》第 95 条对“刑讯逼供等非法方法”的内涵及要求进行了明确，规定“使用肉刑或者变相肉刑，或者采用其他使被告人在肉体上或者精神上遭受剧烈疼痛或者痛苦的方法，迫使被告人违背意愿供述的”，应当认定为《刑事诉讼法》第 54 条规定的“刑讯逼供等非法方法”。但我们注意到司法解释的规定没有完全涵盖新刑事诉讼法关于非法言辞证据的内涵，导致实践中存在不同认识。

二是非法证据排除程序的启动标准不明确。《刑事诉讼法解释》第 96 条规定，“当事人及其辩护人、诉讼代理人申请人民法院排除以非法方法收集的证据的，应当提供涉嫌非法取证的人员、时间、地点、方式、内容等相关线索或者材料”。但对提供的线索或材料要达到什么程度没有明确作出规定，使上述规定在实践中虚置。

三是调查结论的告知时间、形式不明确。《刑事诉讼法解释》第102条规定，人民法院对证据收集的合法性进行调查后，应当将调查结论告知公诉人、当事人和辩护人、诉讼代理人。实践中对于何时告知调查结论存在不同意见：一种意见认为，要先于案件事实调查，进行证据收集合法性的调查，并在该程序结束时向控辩双方告知调查结论，再进行案件事实调查；另一种意见认为，鉴于非法证据较难把握，对于证据收集合法性的审查可能难以通过短暂休庭后进行合议庭评议得出结论，为不至于过分拖延诉讼，对于难以直接作出调查结论的，可以在进行非法证据排除程序后直接进行事实调查部分，等审理完毕后再进行证据收集合法性的评议，并将该调查结论一并写入判决书中予以告知控辩双方。

笔者建议：应明确非法言词证据标准。对于“刑讯逼供”理解，可参照最高人民检察院《关于渎职侵权犯罪案件立案标准的规定》关于刑讯逼供的8种情形规定予以进一步明确。在启动非法证据排除程序对证据收集合法性进行调查后，不必当庭即作出证据收集是否合法的结论，而可以等到所有庭审程序结束后，再进行证据收集合法性的判断，作出的调查结论可在判决书中予以一并说明。明确瑕疵证据与非法证据区分标准；明确规定判断瑕疵证据与非法证据的标准在于口供内容是否具有真实性，如果口供是犯罪嫌疑人、被告人的真实意思表示，则存在讯问时间、地点、有关权利告知问题等形式问题，则属于瑕疵证据，可以通过侦查人员作出合理解释、补正后予以采信，以限制非法证据排除启动程序的任意性；完善相关配套机制。根据《刑事诉讼法解释》第101条规定，“法庭决定对证据收集的合法性进行调查的……有针对性地播放讯问过程的录音录像……证明证据收集的合法性”。而实践中，各地在大力普及录音录像系统的同时，由于对录音录像资料保存的技术标准、保存时限等均缺乏明确的规定，使录音录像资料在某些案件中缺失。因此为使非法证据排除规则有序运行，建议对录音录像资料作为证据的属性和保存标准等作出明确规定。

三、明确技术侦查材料作为证据使用的范围

《刑事诉讼法解释》规定，采取技术侦查措施的批准决定和所收集的证据材料均应随检察院移送的卷宗、证据一起移送。但是在公安机关向检察院移送这些技侦材料时具体应采用何种形式，法律尚未有统一的规定。因此实践中公安机关因担心泄密而拒绝移送的情况时有发生。技侦材料在庭审中质证的相关规定尚不够具体、明确。技术侦查措施获得的证据在刑事诉讼中的使用，需要在有利于打击和控制犯罪与保障当事人的知情权和质证权的价值目标之间进行平衡。技侦材料的质证，必然与其他证据的质证存在不同的制度设计。但《刑事诉讼法解释》对于技侦材料质证的相关规定尚不够明确和具体。对于“可能危及有关人员的人身安全”“可能产生其他严重后果”均未明确界定。对技侦材料进行庭外核实缺少相关操作规范。对技侦材料进行庭外核实作为当庭质证的补充手段，仅限于“必要的时候”方能使用。但什么情况下是“必要时候”，核实的具体方式、参加人员范围等均未有相关法律规定。尤其是参加人员范围是否包含辩护律师在司法实践中存在较大分歧。对技侦材料的真实性进行审查判断存在一定的困难。技侦材料在刑事诉讼中作为证据使用，在庭审公开质证的过程中，被告人及辩护人除对证据收集的合法性可能会提出质疑外，对证据的真实性和关联性也可能提出质疑，由于保密等原因，法院对技侦材料真实性的审判判断往往难以有效开展。裁判文书中对技侦材料的表述尚有待进一步探索。经法定程序查证的技侦材料，无论是经当庭质证还是庭外核实，都应当在裁判文书中予以表述，作为定案的根据。这和以前完全不表述技侦材料的裁判文书的制作方法有较大的差异。如何在既能充分表述定案证据又能保障相关人

员的安全和不暴露技侦方法间保持平衡，是在制作裁判文书中需要进一步探索的问题。

对此笔者建议：应明确技侦材料作为证据使用的范围、移送方式和决定机关。对于技侦材料是否作为证据使用，应当按照案件类型加以区分。对于抢劫、绑架、故意杀人等恶性暴力犯罪案件在案件发生后再采用技侦手段对犯罪嫌疑人进行侦查的，可将整个技侦情况作为案发经过随卷移送，并附上有关手机通话记录。对于重大毒品案件，在立案后采取监听手段的，侦查卷宗中，既要有书面材料，还应有光盘等存储介质。对于采用技侦措施侦办案件过程中获得的材料，具有证明作用的，无论侦查机关是否准备作为证据使用，在案件审判结束前应当一律保留，以便核查。对于技侦材料是否作为证据使用，建议由公诉机关作为决定机关。检察机关依据公安机关移送的技侦材料对案件的证明价值以及在考虑保密原则的基础之上作出利弊权衡，最终决定是否将相应技侦材料用作证据提交法庭质证。对技侦材料的质证、庭外核实、文书表述等方面进行更为完善的规定，增强技侦材料证据化的可操作性。建议最高人民法院在实践和调研的基础上，进一步细化技侦材料证据化的相关司法解释，准确界定采取相关保护措施的情形和保护措施的类别，明确庭外核实证据的操作规范，核实的具体方式、参加人员范围等。庭外核实与保护措施核实存在递进关系，只有在采取相关保护措施仍可能危及有关人员的人身安全、产生严重后果的情况下，才能进行庭外核实。由审判人员在庭外向侦查人员了解有关情况，询问相应的特情、卧底人员，查看相关的物证、书证等相关材料。在庭外核实时，可以采取两种做法：一是法官庭外单方核实证据后将核实结果通知控辩双方，如果控诉方或辩护方有重大疑问的，应当进行再次核实，核实后仍不能合理解释疑问的，放弃该证据的适用；二是允许控辩双方于法官核实证据时在场，但辩护方只限于律师在场，且需签署保密承诺书。为实现充分表述和防止泄密之间的平衡，裁判文书中可只概括技侦材料证据的名称及其证明的内容，而无须说明证据的收集过程、人员身份和采用的技术方法，确实需要出现相关人员信息的，也可以采取化名方式予以表述。

第四节 | 保障控辩双方地位平等

司法实践中，检察官必须公正地追求社会利益。检察官或者说出庭公诉人应该对辩护律师以及其他各方提出的意见保持一种开放接纳的态度；公诉机关应当鼓励公诉人的角色上换位思考，同时不阻碍各方的询问和咨询；公诉机关和公安机关应该在案件侦办协作的同时，保持各自的独立性，以确保司法追求正义的目标得以实现；为防止公诉人在办案中产生隧道视野，应当对公诉人的权力进行制约。

一、检察机关的诉讼活动应受监督

《中共中央关于全面深化改革若干重大问题的决定》提出要建立公检法三家“各司其职、相互配合、相互制约的体制机制”，笔者认为重点应当强调相互制约。“以审判为中心”则更要特别突出法院在司法职权配置中的权力制约作用，建立以法院最终审判为标准、为中心的司法权运行机制。而实践中，我们的司法职权配置存在一些弊端，不利于推进以审判为中心的诉讼制度改革，也不利于防范冤假错案。比如，公诉人在庭审活动中既承担指控犯罪的职能，又承担“代表检察机关对人民法院的刑事诉讼活动进行法律监督”的职能，成为“法官之上的法官”。这种制度设计不仅不利于法官中立裁判，也进一步加剧了控辩双方的不平等，有悖于诉辩平衡的诉讼原则。

公诉人作为代表国家提起公诉的控诉一方，缺乏作为一般法律监督者所必须具有的超然性、中立性和独立性。法律监督的职责，要求公诉人公正客观地判明法官的审判是否违法和不当，而控诉职能又要求公诉人积极主动地证明被告人的罪行，说服法官判定其有罪。这种矛盾造成了公诉人自身诉讼角色紊乱，不能专一地履行职责。公诉人的身份决定了其在庭审中应服从法官的指挥；而其监督者身份又要求法官受制于己，特别是当指控被否定或部分否定时，难免强迫法官接受控方的意见。公诉人的这种角色反差非常强烈，从而使审检冲突不可避免。另外，从权力运行规律来看，有权力必有监督，检察机关的诉讼活动也需要受到监督，如果权力行使相互纠结，有违制度设计者的初衷。

2012 年修正的《刑事诉讼法》进一步强化了检察机关的举证责任，据此，公诉人要在法庭上一一举证，证实犯罪，要密切关注被告人及其辩护人的反驳，关注对方提出的证据是否真实；同时辩护律师的辩护能力也加强了，而法庭调查和法庭辩认的交叉进行等，都要求公诉人必须集中全部精力投入到这种调查和辩论之中，不容有任何疏忽，这样，势必会在一定程度上削弱庭审监督的职能。因此，要实现党的十八届四中全会提出的“以审判为中心”“确保侦查、审查起诉的案件事实证据经得起法律的检验”，就必须对现行的司法权配置及运行机制进行必要的改进，及时调整出庭公诉人的角色定位，将公诉职能与法律监督职能剥离开，明确出庭公诉人只履行代表国家指控犯罪的职责，法律监督职责应交由上一级检察机关行使。上一级检察机关可以派员监督，就像我们现在的刑事抗诉案件，都是由上一级检察机关提起，行使的也是法律监督职能。因此，检察机关出庭监督，也应该采取这种模式，这样的监督既不会造成出庭检察人员身份上的混同，也能够保障监督的中立性、客观性、实效性。

二、强化对辩护人诉讼权利的保障

在庭审过程中，应强化证据开示制度。强化证据开示可保证辩护律师充分行使辩护权，避免单方错误地认定案件事实。由于检察官控诉角色的特点，检察官往往有选择地向辩方展示证据；特别是对于能证明辩方无罪、罪轻的证据，一些检察官往往秘而不宣，不向辩方出示，而这对案件事实的认定往往会产生消极的影响。因此强化证据开示可以有效地制约检察官的权力。尽管刑事诉讼法赋予被告人、律师以辩护权，但实际上辩护权难以与公诉权抗衡，控辩双方实质地位不平等、权力不平等、受到的待遇不平等，没有形成有效的控辩对抗，因此被告人及其辩护人难以有效展开辩护，为冤假错案的发生埋下了伏笔。要解决这些问题，只有通过建立完善的控辩平等的保障制度，让控辩双方平等对抗，才能找出案件存在的问题，才能有效防范冤假错案。

去除对被告人的“犯罪人标签化”，在有罪判决作出之前，参加刑事庭审的被告人不是罪犯，应当尊重其人格尊严。2013 年，河南省高院下发了《关于进一步规范刑事庭审活动保障被告人诉讼权利的试行意见》，规定了被告人出庭“不穿囚服、不剃光头、不戴戒具、不坐囚笼”的“四不”原则。这一举措推行后，引起了社会的广泛热议，可以说，得到了绝大多数人的支持和认可。2015 年，这一举措得到了最高人民法院的支持和认可，在党的十八届四中全会后修订的《人民法院第四个五年改革纲要》中明确规定“禁止让刑事在押被告人或上诉人穿着识别服、马甲、囚服等具有监管机构标识的服装出庭受审”。但往更深一层来看，这一改革还不够彻底、不够全面。从加强人权司法保障的要求来讲，“剃光头”“戴戒具”“坐囚笼”的做法也要废止和纠正。要强化对被告人诉讼权利的保障。《人民法院第四个五年改革纲要》提出“要强化诉讼过程中当事人和其他诉讼参与人的知情权、陈述权、辩护辩论权、申请权、申诉权的制度保障”，这就要求我们在庭审中，必须充分保障被告人、辩护人发言的权利，让他们把自己的真实意思都讲出来，不得随便打断被告人、辩护人发言。同时要让被告人和自己的辩护律师坐在一起，形成辩护共同体，共同商量、共同应对公诉机关的公诉、质询。“兼听则明，偏听则暗”，只有让被告人、辩护人充分表达意见，才能把案件存在的问题都找出来，才能把真正被冤枉的人解救出来，才能有效防范冤假错案。

三、用疑罪从无倒逼办案能力提升

必须认识到，律师为被告人辩护是在挖错案的墙角，在帮法官做工作。律师的职能发挥不出来，刑事错案防范不到位，最终损害的是司法公正。因此，对于律师为证明被告人无罪而进行的各项工作，法院不但要支持，还要千方百计地给予保障。一要保障他们能够凭证件自由出入法院，禁止对律师进行歧视性安检，给予律师与检察官一样的尊重。二要保障他们的阅卷权、调查取证权，保障律师当庭充分发表辩护意见的权利，不能随意打断律师发言，不能随意训斥律师等。三要为辩护律师在查阅、摘抄、复制卷宗方面提供便利。律师提供重要证据线索，申请法院取证的，人民法院应当依职权取证，防止遗漏可能有利于被告人的重要证据。四要增强裁判文书的说理性。对于律师依法提出的辩护意见未予采纳的，必须在裁判文书上说明理由，不得用模糊的程式化语言搪塞过去。另外，判决书送达，也要先送给辩护律师，再送给刑事被告人。

要正确认识设立刑事辩护制度的意义和作用，充分尊重和保障被告人及其辩护人的辩护权利，让攻防双方机会均等，让诉辩对抗成为现实。通过增强辩方的实力，减弱与控方力量对比的悬殊程度，力求达到实质上的控辩平等。司法的最终裁判性质，要求在刑事诉讼中必须贯彻审判中心主义和庭审中心主义，发挥好法庭审判的应有功能和作用。法庭审判是公正司法各项要求体现最为集中的环节，是发现疑点、消除争议、查清真相的最好场合。庭审中心主义的本质要求是追求法庭审判的实质化而力戒形式化。用疑罪从无倒逼专门机关提升办案能力。对于疑案，按照疑罪从无规则作出处理，能够使无辜者不受刑事追究、权利得到保护。虽然出现疑案，许多时候是由于客观条件和因素所致，但不意味着司法证明主体就没有努力改进的空间。就侦查机关而言，在司法证明活动中，重点承担收集与固定证据的任务，必须坚持依照法定程序办案，着力规范取证行为，确保合法取证；就公诉机关而言，其司法证明工作应当围绕有效履行举证责任来展开，要充分认识到举证不能必定导致疑罪从无的后果；就审判机关而言，在司法证明活动中的责任，是要本着中立、公正的立场，对控辩双方的呈堂证供进行全面的审查判断，客观真实并符合证据法则的应依法采信，确认为非法证据的应依法排除。人民法院应勇担落实疑罪从无的重任。疑罪从无本质上就是根据无罪推定原则所作出的一种司法判断，如果司法缺失公信和权威，疑罪从无也就无从实现。为此，人民法院为有效履行宪法和法律赋予的职责，确保依法独立公正行使审判权，切实担负起最后把关的责任，就必须围绕提升司法公信和司法权威的目标，深化司法改革，合理配置司法审判权并确保审判权力的运行得到有效的监督，在实行疑罪从无规则方面，最终也必须实现权责的统一。

第五节 ｜ 完善审判过程中的相关机制

在中央推行的一系列司法改革举措中，推进以审判为中心的诉讼制度改革处于关键地位，抓住了保证司法公正的核心问题，可以说牵一发而动全身，为我国刑事诉讼制度的完善指明了方向。2015 年 2 月修订的《人民法院第四个五年改革纲要》也明确提出了“2016 年底，推动建立以审判为中心的诉讼制度，促使侦查、审查起诉活动始终围绕审判程序进行”的改革目标。《中共中央关于全面深化改革若干重大问题的决定》提出“推进以审判为中心的诉讼制度改革”，不仅是对公、检、法三机关之间司法职权配置的改革，也是对法院内部优化司法职能的要求。作为审判机关，法院内部既有司法审判权，也有审判管理权、审判监督权和司法行政事务管理权。过去，由于未能严格界定和区分各种权力和职能的不同属性，导致法院内部司法审判权运行的行政化倾向比较突出。审判权与审判管理权、监督权相混同，审判权与行政事务管理权不分离，院长、庭长行政事务管理权和审判管理权、监督权过大，导致“审者不判、判者不审”“审与判相脱节”，违背了司法规律和审判权运行规律，影响了案件的公正处理。因此，从法院内部各种权力的运行及其相互关系的角度看，“以审判为中心”就要求法院必须将审判职能置于一切职能的中心和首要地位，确立法院内部权力运行的审判中心化和审判权力运行的去行政化。

一、完善法官办案责任制

总结刑事错案及瑕疵案件的教训，笔者发现，当前影响刑事案件质量的一个突出问题，就是合议庭“形合实独”“合而不议”，合议庭集体负责的作用没有得到有效发挥。为此，《人民法院第四个五年改革纲要》明确提出，要“健全主审法官、合议庭办案机制和办案责任制，健全院长、庭长审判管理和审判监督机制”。这意味着审判权的运行必须以行使审判权的主审法官、合议庭为主体，突出其主体地位和独立性，实行“谁办案谁负责”“让审理者裁判，由裁判者负责”。只有真正发挥主审法官、合议庭的功能，才能有效防范刑事错案或瑕疵案件。近两年，有些法院推行的新型合议庭审判制度改革，就是从制度上落实主审法官、合议庭办案责任制，放权于合议庭和主审法官，形成主审法官对案件质量负总责、合议庭成员共同负责的责任格局。同时，坚持放权与监督并重，继续发挥好审判委员会、院长、庭长对案件质量的把关作用，强化对合议庭的监督。从运行情况看，案件质量和效率确实有了明显提升。

应改革审判委员会工作机制。这些年来，法学界对审委会质疑的声音很强烈，这与有些法院审委会委员专业水平不高有很大关系。有的基层法院，审委会中只有一两个人从事过刑事审判工作，这样的审委会怎么发挥审查把关的作用呢？有的案件，合议庭研究应该宣告无罪，到了审委会简单一讨论就改成了有罪意见，而审委会光靠听取了几句汇报，就作出有罪意见有失谨慎。

习近平总书记在关于《中共中央关于全面深化改革若干重大问题的决定》的说明中指出："我国刑事诉讼法规定公、检、法三机关在刑事诉讼活动中各司其职、互相配合、互相制约，这是符合中国国情的，具有中国特色的诉讼制度，必须坚持。"因此笔者认为，侦查、起诉、审前阶段等，都是以审判为中心的前提和基础，要实现以审判为中心，脱离了侦查、起诉等环节，审判就成了空中楼阁。所以以审判为中心不是否认"分工负责、互相配合、互相制约"，而是必须在坚持阶段论的基础上加强审判。

以审判为中心的实施主体，不仅仅是人民法院。而应该由法院、公安、检察、辩护律师相互配合形成合力，如此才能贯彻实施"以审判为中心"这一原则。以审判为中心是指控、辩、审三种职能都要围绕审判中事实认定、法律适用的标准和要求而展开，法官直接听取控辩双方意见作出裁判；审判法官要坚持审判中立原则，做到兼听则明，认真听取控辩双方的意见，严格依法断案，作出公正裁判；其中关键是坚持证据裁判原则，坚持做到以事实为依据、以法律为准绳。要提高出证、质证能力，实现证据出示、辨认、认证各个环节的直接性、言词性，严格限制书面审理的传统做法。律师辩护的实质化应当引起公诉机关的高度重视。证明标准中要一切以庭审为标准。正确处理"在卷证据"与"在案证据"的关系，要从"在卷证据"转向"在案证据"；以庭审为中心，倒逼检察机关对证据正确审查与运用，要从三方面着手改革：一是审查范围从"在卷证据"扩大到"在案证据"，只审查书面证据已经不符合实际需要；二是审查方式从"书面审查"转向"亲历性"审查；三是倒逼公诉机关必须紧紧抓住证据的合法性，深入审查，排除非法证据。[1]推进以审判为中心的诉讼制度改革的原则。习近平总书记在党的十八届

[1] 樊崇义：《刑事错案防范标准》，中国政法大学出版社2015年版，第230页。

四中全会《中共中央关于全面推进依法治国若干重大问题的决定》的说明中深刻指出，充分发挥审判特别是庭审的作用，是确保案件处理质量和司法公正的重要环节；推进以审判为中心的诉讼制度改革，有利于实现案件裁判的实体公正，有效防范冤假错案产生。

二、加强对侦查权的监督和引导

关于办案质量终身负责制和错案责任倒查问责制，是我国诉讼制度改革的一项重要内容，当前的司法改革关于“主审法官、主任检察官和主办侦查员”的改革，就是要在实行员额制和分类制以后，落实办案质量责任制，以及错案倒查问责制。通过试点，总结可复制、可推广的经验，解决谁办案、谁负责的问题。

“以侦查为中心”虽然不是我国刑事诉讼法设计的刑事诉讼模式，但却是实践中的习惯性做法。在“以侦查为中心”的审判模式中，刑事司法是一条从公安到检察院再到法院的流水作业线。“公安做饭”“检察端饭”“法院吃饭”的流行语就说明了对于刑事案件的处理，公、检、法三家更多的是配合，而不是强调各自的独立性。司法实践中，一些案件经常因为在侦查环节关键证据没有收集或者没有依法收集，导致没有达到“事实清楚，证据确实充分”的定罪标准，而“带病”进入审判环节。这种情况下，法院如果判被告人有罪，容易造成刑事错案；如果判无罪，又要承受社会各方面的压力，审判工作根本无法顺利进行。正是因为在“以侦查为中心”的模式下，“做饭”的侦查环节成为“决定性”的环节，检、法两家在很多时候难以对侦查工作形成真正的制约，辩护权也难以发挥有效的制衡作用，刑事错案就有了滋生的土壤。按照司法规律，公安机关是侦查机关，负责侦查、搜集、固定证据。检察机关是公诉机关，负责审查证据，在确保证据确实充分的情况下提起公诉。法院是审判机关，是中立方，在控辩双方充分举证、质证、辩论后根据已经查明的事实、证据和有关的法律规定，对案件作出裁决。在这个诉讼程序中，侦查程序和公诉程序的工作都是为审判程序做准备，而审判程序作为刑事诉讼的最后一道程序是对案件作出裁决并承担法律责任的诉讼程序，在整个刑事诉讼程序中居于中心位置。“以审判为中心”强调整个诉讼制度和诉讼活动围绕审判而建构和展开，审判对案件事实认定、证据采信、法律适用、作出裁决起决定性和最终性作用。强调从侦查环节开始，就必须全面、规范地收集、固定证据，确保侦查、审查起诉的案件事实和证据经得起法庭调查、质证、辩论的检验，从源头上防止事实不清、证据不足的案件进入审判程序，确保案件裁判质量，有效避免刑事错案发生。可见，“以审判为中心”体现了刑事司法规律，是保证司法公正的前提和必然要求。只有建立以审判为中心的诉讼制度，自觉遵循司法规律，才能不断提升案件质量，确保司法公正，最大可能避免刑事错案。

笔者认为，做到以审判为中心，必须强化庭审的实质功能。庭审是当事人行使诉讼权利及法院履行审判职能的核心程序，是还原案件客观事实最为有效的途径，是把守司法公正的最后一道关口。“以审判为中心”首先就应该是“以庭审为中心”，强化庭审的实质功能。由于证人、鉴定人出庭作证制度远远没有落实，刑事法官长期以来形成了依赖侦查卷宗和笔录的办案习惯，开庭时通过宣读证人证言、被害人陈述、被告人供述等言辞证据的方式进行法庭调查，并将其作为判决的基础。即使通过庭审发现了事实证据存在问题，而法院与公诉机关认识又存在分歧，由于刑事诉讼法未赋予法院补充侦查建议权，法院建议补查证据往往得不到侦查、公诉机关的配合。这实际上变相剥夺了被告人的质证权，庭审只是对侦查卷宗的审查和对侦查结论的简单确认，导致该查明的事实难以查明，非法证据难以被排除，案件疑点难以被发现，庭审认定证据、查明事实、定罪量刑的实质功能没有充分发挥，一些通过刑讯等非法手段获取的虚假证据在法庭上畅通无阻，一些证据存有疑问的案件顺利通过审判，很容易造成冤假错案。

要解决这些问题，就必须坚持“以庭审为中心”，按照党的十八届四中全会《中共中央关于全面推进依法治国若干重大问题的决定》及最高人民法院《人民法院第四个五年改革纲要》提出的“确保庭审在保护诉权、认定证据、查明事实、公正裁判中发挥决定性作用，实现诉讼证据质证在法庭、案件事实查明在法庭、诉辩意见发表在法庭、裁判理由形成在法庭”的要求，真正做到证据都要在庭审中提出，所有言词证据都应当由本人到庭陈述作证，所有与定罪量刑有关的事实都要放在庭审过程中调查，具体来说，需要解决证人出庭作证的问题。早在周朝时期，我国就有了辞听、色听、气听、耳听和目听的“五听”断狱模式，司法官在审理案件时，通过观察当事人、证人陈述时的神情是否从容、气息是否平和、精神是否恍惚、眼睛是否有神等，据此综合判断其陈述是否真实，从而对案情作出判断。但现在很多案件开庭的时候，都是宣读一下证言笔录，让各方发表一下意见，就认定有效，予以采信，但是这份笔录是不是证人的真实意思？制作笔录时证人有没有受到威胁、诱导？证人的证言前后是不是一致？不一致的是不是得到了合理解释？为何采信原来的证言而不采信后来的证言，或者采信后来的证言而不采信之前的证言？不让证人出庭这些问题怎么解决？因此，防范刑事错案必须做好证人出庭工作，让证人当庭作证，这样，审判长可以观察证人作证时的神情，判断是否如实作证；控辩双方还可以交叉盘问，进一步核实证言的真假。同时，要探索强制出庭作证措施，研究解决证人出庭的费用补助问题，还要做好证人保护工作，让证人出庭没有后顾之忧。

三、以审判为中心不仅限于庭审

“以审判为中心”不仅限于庭审，还强调了审判对侦查和审查起诉的影响甚至主导作用。司法实践中，侦查权往往缺乏必要的监督和引导。一方面，侦查权的行使相对封闭，侦查机关讯问犯罪嫌疑人时缺乏监督。虽然刑事诉讼法建立了讯问同步录音录像制度，但是录音录像完全由侦查机关实施，讯问过程仍旧不公开、不透明，无法受到有效监督，供述的取证合法性依然难以保证。侦查机关对拘留、搜查、扣押、侦查实验等一系列侦查活动也是自行决定、自行实施，缺乏必要的监督。而侦查手段、措施的随意使用，很容易侵犯公民权利，导致非法取证，甚至滋生刑事错案。另一方面，侦查机关与公诉机关未形成追诉合力。公诉机关不派员参与侦查，不能从庭审控诉犯罪的角度去监督、指导案件的侦查取证。这种诉侦分离模式，容易导致案件证据收集的全面性不够、合法性不足，难以形成追诉合力。

以审判为中心，切实加强对侦查权的监督和引导，就要促使侦查和公诉始终围绕审判程序的要求进行，确保侦查的办案标准符合审判程序的法定定案标准，从源头上防止事实不清、证据不足的案件或者违反法律程序的案件“带病”进入审判程序。具体而言，应当建立以下几项制度：一是建立讯问时律师在场制度。目前我国刑事诉讼法虽然确立了非法证据排除规则，实践中也采取了一系列防止刑讯逼供的措施，如讯问被告人时要录音录像，但仍然不能从根本上杜绝侦查机关非法取证行为。讯问时律师在场制度既是遏制非法取得被告人供述的有力手段，也是侦查机关取证合法性的有效证明，有利于促使侦查机关全面、及时收集固定证据。[1] 这一制度是国际上的普遍做法，值得我国借鉴。2015 年全国两会上，河南省高级人民法院院长张立勇就提出建立公益律师制度，如果这一制度能够落实，就可以在侦查机关或看守所轮换派驻值班律师。对于可能判处犯罪嫌疑人无期徒刑以上的案件，侦查机关进行讯问的，应通知派驻律师到场，由律师对讯问的合法性进行见证。二是建立公诉引导侦查制度。对于可能判处无期徒刑以上的案件，公安机关自侦查活动开始，即应通知检察机关派员参加，并可以对侦查人员收集证据的方向和方式提出意见，也可以要求侦查人员收集固定相应证据，引

[1] 卞建林：“以审判为中心为视角谈谈对侦查权的共识”，载于西北刑事法律网 2016 年 2 月 26 日，网址为 www. xbxsf. nwupl. cn。

导侦查机关切实围绕庭审要求，展开有针对性的侦查活动；对侦查活动中违法收集的证据，应当要求公安机关及时予以排除，另行收集；发现侦查人员有涉嫌刑讯逼供、威胁、引诱及非法搜查、窃听、扣押等行为的，应当建议侦查人员所在部门责令其改正，直至追究行政责任、刑事责任；对于卧底侦查、特情侦查以及其他秘密侦查措施的适用，除情况紧急外，应当经检察机关批准，以确保侦查活动的程序合法化。三是建立人民法院建议补充侦查制度。刑事诉讼法规定，在法庭审判过程中，检察人员发现案件需要补充侦查的可以建议补充侦查。人民法院通过庭审发现事实证据存在问题，但是检察人员又没有建议补充侦查，人民法院则无法自行侦查。为了实现审判引导公诉和侦查，体现以审判为中心，刑事诉讼法应作进一步修改，明确规定人民法院通过庭审发现案件事实、证据存疑的，可以建议人民检察院补充侦查，人民检察院应当根据人民法院的建议在一个月内补充侦查完毕，并将补查到的证据以及书面补查报告提交人民法院。

综上所述，刑事审判掌握生杀予夺大权，因此，作为一名刑事法官，要始终保持如履薄冰、如临深渊的心态，始终做到谨慎、小心，以高度的责任心切实履行好职责。要始终保持“严、深、细、实”的工作作风，以对国家、对人民、对法律、对历史高度负责的精神，竭尽全力办好每一起案件，写好每一份裁判文书，接待好每一位当事人，决不能让差错在自己身上发生。在依法对犯罪从重从快打击，严惩犯罪分子的同时，必须依法保障人权，保证无罪的人不受刑事追究。要切实转变观念，把保障人权放在更加突出的位置，任何时候也决不允许以牺牲老百姓的合法权益为代价，换取公、检、法三机关的“和谐”。在打击犯罪、保障人权方面，法院必须肩负起自己的责任来。要坚决摒弃以“事实基本上清楚，证据基本上确实”为标准来定罪的错误观念，严把事实关、证据关和法律适用关。凡是重大复杂疑难的刑事案件必须查看现场，关键证据必须核实，必须提讯被告人，必须面见关键证人，必须和公安、检察机关侦查人员座谈，必须全面阅卷，认真撰写阅卷笔录，提出详细明确的阅卷意见。对于定罪证据有疑问、有欠缺，不能排除合理怀疑，不能得出唯一结论的，不能仅靠分析和推定认定被告人有罪。要履行好国家、人民、法律赋予法院的责任和权力，在处理与公安、检察机关的关系时，既要讲究协作配合，更要重视监督制约。对每一起案件特别是重大复杂疑难案件，既要尊重多家意见，更要敢于坚持原则，实事求是，依据事实和法律作出裁判，切实发挥好最后一道防线的作用。

第六节 | 树立科学司法理念

理念是行动的先导。科学的司法理念可以指导办案人员严格遵守法律程序，依法行使职权。刑事错案发生的根本原因是公安司法人员长期存在着重打击、轻保护，重实体、轻程序以及根深蒂固的有罪推定的刑事诉讼的理念。因此有效防止刑事错案的发生，首先要转变执法观念。

一、树立打击犯罪与保障人权并重的理念

强化证据审查机制；坚持程序公正原则，坚持审判公开原则，坚持无罪推定和证据裁判原则，定罪证据不足的案件，应当坚持疑罪从无原则；切实改变“口供至上”的观念和做法，注重实物证据的审查和运用，进一步明确了非法证据的范围，强调依法排除非法证据；严格执行法定证明标准，强化证据审查机制，切实遵守法定诉讼程序，强化案件审理机制，树立“审判中心”和“庭审中心”的观念，认真履行案件把关职责，完善审核监督机制。人民法院不得与公安机关、人民检察院联合办案，要充分发挥辩护律师在防范冤假错案上的重要作用，建立健全审判人员权责一致的办案责任制。严格审查各类证据，综合认定全部证据，严格死刑案件证明标准。一是运用证伪方法，排除合理怀疑，关注

无罪的现实可能性。[1] 二是在审查全部证据时，先看被告人供述以外的其他证据是否能够证实指控事实，再看被告人供述是否能够与其他证据相互印证且互相没有矛盾。

“尊重和保障人权”作为刑事诉讼法的一项任务被写入新《刑事诉讼法》第2条，这是对2004年宪法修正案中的“尊重和保障人权”原则的具体落实和体现，也是我国在基本法律中的首次规定。[2] 与其他任何法律不同，刑事诉讼法在尊重和保障人权方面的地位在所有法律中最为重要。因为刑事诉讼法的实施过程和实施后果涉及公民基本权利的限制与剥夺，而宪法则是关于公民基本权利的基本法。因此，在学界，刑事诉讼法有“小宪法”之称。在刑事诉讼中，对人权尊重和保障水平的衡量主要取决于对被追诉者权利的保护程度。因为任何人都是潜在的犯罪嫌疑人、被告人，任何人随时都有可能成为实际上的犯罪嫌疑人、被告人，只有犯罪嫌疑人、被告人的权利得到了切实的尊重和保障，犯罪嫌疑人、被告人以外的人的权利才能得到切实的尊重和保障。“各国法律及联合国有关文件之所以重视刑事程序中对犯罪嫌疑人和被告人的人权保障，首先是由于犯罪嫌疑人和被告人的人权保障，实质上也是对所有社会成员基本权利提供的保障。降低刑事程序中犯罪嫌疑人和被告人的人权保障，实际上是降低了所有社会成员基本权利的保障。”[3] 强制证人出庭除外条款是尊重和保障人权这一诉讼价值理念的具体制度设计的具体表现形式之一，它是对被告人的父母、配偶和子女作为证人时享有的出庭作证豁免权的确认，是被告一方对抗控诉方的一项重要权利。但是，在刑事诉讼中，作证是公民的一项法定义务，而对于特定范围的近亲属而言，出庭作证与否则是其一项权利。陈光中教授认为，“刑诉程序有它的独立价值，有时候为了程序的价值在一定程度上牺牲实体的价

---

[1] 张军：《新刑事诉讼法法官培训教材》，法律出版社2012年版，第162~166页。

[2] 陈光中：《〈中华人民共和国刑事诉讼法〉修改条文释义与点评》，人民法院出版社2012年版，第15~16页。

[3] 宋英辉：《刑事诉讼原理导读》，法律出版社2003年版，第104页。

值也是允许的。比如这次修改，规定近亲属有拒绝出庭作证权，有限地改变了过去法律上的规定——公民都有作证的义务，但在侦查和审查起诉阶段，近亲属仍保留有接受调查询问的义务。在这个问题上一定程度地体现了程序的人性价值。”❶ 换言之，强制证人出庭除外条款所体现的是尊重和保障人权的诉讼价值理念，而不是打击和惩罚犯罪的诉讼价值理念。

坚持尊重和保障人权原则，尊重被告人的诉讼主体地位，维护被告人的辩护权等诉讼权利，保障无罪的人不受刑事追究。坚持依法独立行使审判权原则。必须以事实为根据，以法律为准绳。不能因为舆论炒作、当事方上访闹访和地方“维稳”等压力，作出违反法律的裁判。坚持程序公正原则。自觉遵守刑事诉讼法有关规定，严格按照法定程序审判案件，保证准确有效地执行法律，坚持审判公开原则。依法保障当事人的诉讼权利和社会公众的知情权，审判过程、裁判文书依法公开。坚持证据裁判原则。认定案件事实，必须以证据为根据；应当依照法定程序审查、认定证据。认定被告人有罪，应当适用证据确实、充分的证明标准。

有利被告作为一项原则是否同时适用于刑事实体法和刑事程序法，学界有不同意见。但是，对于有利被告原则适用于刑事程序法是不存在争议的。在刑事程序法中，有利被告在不同的语境中也有不同的解读。但是，概括起来主要有广义和狭义两种界定。狭义说认为有利被告是指与无罪推定原则相联系的一条原则，即在证据或者控诉有疑问时作有利于被告人的解释；而广义说认为有利被告是指一切有利于被告人的程序制度规定。例如，无罪推定、上诉不加刑、一事不再理等。强制证人出庭作证除外条款所蕴涵的正是有利被告的诉讼价值理念，它意味着在被告人的父母、配偶和子女作为证人时，在指控被告人涉嫌犯罪的刑事案件开庭审理时享有拒绝出庭作证的权利，而控方证人则不享有此项权利。长期以来，人们对于有利被告往往只关注其事实存疑时的适用，而

---

❶ 陈光中：“从单纯惩罚犯罪到保护人权”，载《新京报》2011 年 8 月 25 日。

对于其他程序问题的适用则关注不够。在刑事诉讼中，与控诉方相比，被告方明显处于弱势。因此，在刑事诉讼中确立有限的拒绝出庭作证权，与其说是有利被告，倒不如说是赋予了被告方与控诉方相对抗的诉讼权利，以使控辩双方真正成为诉讼中的对立方。

二、树立刑事诉讼谦抑性理念

谦抑，顾名思义，就是指谦虚和抑制。谦抑性在不同的法学学科可能有不同的诠释。但是，上述基本含义是难以背离的，刑事诉讼法学也不例外。笔者认为，刑事诉讼法的谦抑性可以是指刑事诉讼法作为国家强制力的一种司法克制。“从立法谦抑看，并非任何一个问题，都可以诉诸法律主张立法，特别是不能把纯道德性问题（比如‘常回家看看’）诉诸立法。法律对社会关系的调整，应当始终是保持一定的距离，而不能僭越自己的领地，试图规范人的内心灵魂。”❶ 就强制证人出庭作证除外条款而言，法律在要求证人出庭作证的同时限缩了公权力的强制性，使得强制手段不得适用于特定范围的近亲属证人。从刑事诉讼谦抑性角度来看，则意味着国家强制力在被告人的父母、配偶和子女作为证人出庭作证的后盾时的一种司法克制。也就是说，国家赋予专门的司法机关享有强制证人出庭作证的公权力。但是，这一公权力在适用到被告人的父母、配偶和子女作为证人出庭作证情形时，则通过权利（拒绝出庭作证权利）对抗权力（强制出庭作证权力）而保持着一定的司法克制。

三、树立法官证据裁判理念

无罪推定、疑罪从无、人权保障等先进司法理念的树立是一个艰难曲折的过程，必须常抓不懈，才能日益牢固，真正深入人心，外化为证据裁判的自觉司法行为，确保无罪的人不受刑事追究。同时，由于社会

❶ 王松苗：“法治给力语境下的法律谦抑”，载《检察日报》2012 年 5 月 31 日。

新问题不断出现，人民群众的司法需求不断提高，审判人员的司法能力也需要不断增强，除了要不断增强刑事审判知识和技能，还要注重打破学科壁垒，拓展知识面，培养复合型法官，为公正审理案件奠定扎实的基础。要牢固树立证据裁判意识，强化审判权对侦查、起诉的监督和制约。要教育全体刑事法官结合修订后的《刑事诉讼法》，牢固树立证据裁判意识，对采用刑讯逼供等非法方法收集的证据，坚决予以排除；对不符合法定程序收集的物证、书证，要予以补正，不能补正或作出合理解释的，坚决予以排除。同时，要充分发挥审判机关在刑事司法格局中终局性的权力制约作用，切实发挥好案件处理最后一道防线的作用。法院通过对主要事实不清、证据不足的案件依法宣告无罪，也是对侦查机关、公诉机关工作的促进和监督，促使公安、检察机关把基础工作做扎实，这才是真正的互相配合、互相制约，才能更有力地打击犯罪，保护人民。

第七节 ｜ 加强法院内部监督

一、加强法院内部的监督制约

首先，要加强和完善合议庭的职责，进一步明晰职能分工和责任承担，完善合议庭交叉阅卷、裁判文书交叉阅看等制度，调动承办法官及合议庭全体成员的工作积极性；其次，要对合议庭、副庭长、庭长、主管副院长、院长、审判委员会每个环节进行制度规范，充分发挥合议庭、庭长、院长、审委会的作用，把好案件审核关。同时，要加大对院长、庭长审判管理中失职行为的责任追究力度，加强管理，确保刑事案件审判质效；要加大错案责任追究力度。纪检监察、审判管理部门要认真履行职责，严格按照相关规定切实抓好错案责任的认定与追究。最后，要加大上级法院对下级法院的监督指导力度，对下级法院审理的重大社会影响案件、涉及法律适用问题案件等，要加强指导、沟通，避免刑事错案的发生。

要进一步完善和保障律师的辩护权。要完善律师参与权，保障律师全程参与诉讼活动，特别是要建立和完善讯问犯罪嫌疑人、被告人时律师在场的制度，遏制刑讯逼供现象发生；要完善律师调查取证权和阅卷权，保障辩护权的全面充分行使；要完善法律援助制度，对为刑事案件提供法律援助的律师资格予以限制，如规定有一定年限律师经验的律师方可担任为指定辩护律师。建立对法律援助律师的考核及奖惩制度，对表现优秀的律师给予奖励，对不积极履行职责的律师给予一定的惩罚。如规定由于指定辩护律师不积极履行职责而导致辩护明显失败的，应承担不良记录入档、信誉受损等后果，以激起指定辩护律师为被告人积极辩护的内在动力。

要进一步推进司法公开工作，以公开促公正。要进一步做好庭审网络视频直播工作，使庭审突破了物理空间的局限，让更多的群众了解庭审过程，使公开审判在更大范围内得以实现。同时，充分发挥庭审功能，进一步提升法官驾驭庭审能力；要继续做好裁判文书上网工作，进一步提高司法的透明度，满足社会公众的知情权、监督权；要进一步做好人民陪审团工作，选择一些在当地有较大社会影响的案件，邀请人大代表、政协委员、基层组织人员等组成人民陪审团旁听庭审，听取他们对案件的意见建议，最大限度地实现司法公开和司法民主，并通过陪审团成员参与案件审理，监督法官审判，确保刑事案件质量。

建议最高人民法院对无罪案件出台专门的司法解释或指导性意见，并建立无罪案件指导性案例制度。虽然 2012 年《刑事诉讼法》第 195 条明确规定："证据不足，不能认定被告人有罪的，应当作出证据不足、指控的犯罪不能成立的无罪判决。"但是，对于"证据不足，不能认定被告人有罪"这一标准，实践中却存在认识和操作上的困难。建议最高人民法院对无罪案件的标准、无罪案件结果的处理等作出明确、可操作的指导性规定。同时，建议最高人民法院单独或联合最高人民检察院定期总结选编无罪案件指导性案例，供下级部门参考。通过典型案例来进一步指导、引导司法实践，扩大无罪案件宣传效果，营造一种“无罪推定”“疑罪从无”的氛围。另外，还要从一元片面的价值观转向多元平衡的价值观；从权力本位的执法观转向权利本位的执法观；从长官至上的执法观转向法律至上的执法观；从军事斗争的执法观转向文明公正的执法观；从暗箱操作的执法观转向公开透明的执法观；从偏重实体的公正观转向实体和程序并重的公正观；从有罪推定的办案观转向无罪推定的办案观；从侦查中心的程序观转向审判中心的程序观；从查明事实的办案观转向证明事实的办案观；从倚赖人证的证明观转向重视科学证据的证明观。要完善证据规则。从2010年的“两个证据规定”到2012年的《刑事诉讼法》修正案，我国的刑事证据制度已经有了明显的进步，但是一些证据规则仍有改进的空间，例如非法证据排除规则、传闻证据规则、意见证据规则、品格证据规则等。

二、规范法官自由裁量权

规范和约束法官自由裁量权的使用，已经成为我国刑事司法改革的重要课题。自21世纪初以来，最高人民法院一直倡导“量刑规范化改革”，并将其纳入两个“五年改革纲要”之中，其中的重要考虑就是规范法官的自由裁量权。[1] 而在证据立法领域，规范和约束法官的自由裁量权也成为重要的指导性理念。

表面看来，法院的独立审判权经常难以得到保障，刑事法官更是无法对案件的实体裁判结果拥有独立裁决权。但实际上，由于没有证据规则的有效约束，刑事法官在采纳证据和认定案件事实方面往往拥有太大

[1] 胡云腾：“构建我国量刑程序的几个争议问题”，载《法制日报》2009年6月18日。

的自由裁量权。例如，对于同一证人的证言前后存在矛盾的，法官在采纳哪份证言方面可以自由裁断；对于被告人在庭审前和法庭上推翻原来的有罪供述的，法官也可以较为随意地决定采纳供述或辩解；对于证据之间存在矛盾、证明体系存在合理怀疑的，法官也可以自行决定案件是否达到“事实清楚、证据确实充分”的程度……而法官在进行上述证据评判过程中竟然享有完全的自由，而不必在裁判文书中提供采纳证据的理由。在这种背景下，中国的刑事证据立法就需要解决一个极为特殊的问题：证据法不仅需要对证据的法律资格作出限制性规定，还要对证据的证明力大小强弱作出一定程度的规范，防止法官在采信证据和认定案件事实方面任意裁断。

如果说法律对证据的法律资格所作的规范属于“外在证据规范”的话，那么，法律对法官采信证据的标准和要求所作的规范则属于“内在证据规范”。中国刑事证据法长期以来没有建立较为完善的“外在证据规范”，使得任何证据都可以畅通无阻地进入法庭，成为控辩双方举证、质证和辩论的对象。在“重实体、轻程序”的传统的难以消除的制度中，在程序法的有效实施难以得到保证的背景下，那些代表着证据之“程序要求”的证据能力规则，可能在短时间内难以建立起来，或者即便建立起来，也很难得到有效的实施。在这种情况下，那些旨在限制法官评判和采纳证据证明力的“内在证据规范”，就有了发育的条件和空间。毕竟，法官在采纳证据和认定事实方面经常会出现错误，而这些错误的发生又与法官滥用自由裁量权有关，而要解决这一问题，就要建立较为完善的证据规则。而既然有关证据能力的规则无法建立起来，那么，人们就会尝试构建规范法官采信证据的规则，从而有效地约束法官采信证据、认定事实的过程。

防范刑事错案是一项重大长期任务，必须坚持不懈、警钟长鸣。

参考文献

一、著作：

[1]《汉语大词典》编委会. 汉语大词典［M］. 上海：汉语大词典出版社，2001：1312.

[2] 高一飞. 刑事法的中国特色研究［M］. 北京：中国检察出版社，2002：247－248.

[3] 布莱恩. 福斯特. 司法错误论——性质、来源和救济［M］. 刘静坤，译. 北京：中国人民大学出版社，2007：4－5.

[4] 樊崇义. 刑事错案的防范标准［M］. 北京：中国政法大学出版社，2015：4－9.

[5] 何家弘. 谁的审判谁的权［M］. 北京：法律出版社，2011：35－41.

[6] 陈瑞华. 程序性制裁理论［M］. 北京：中国法制出版社，2005：52－53.

[7] 张军. 刑明知事证据规则理解与适用［M］. 北京：法律出版社，2010：375.

[8] 张智辉. 刑事非法证据排除规则研究［M］. 北京：北京大学出版社，2006：92－128.

[9] 万毅. 底限正义论［M］. 北京：中国人民公安大学出版社，2006：149.

[10] 樊崇义. 证据学［M］. 北京：法律出版社，2001：294.

[11] 卡特等. 大众传播法概要［M］. 黄列，译. 北京：中国社会科学出版社，1997：136－145.

[12] 陈爱蓓. 刑事裁判中的事实误认［M］. 北京：知识产权出版社，2008：92－95.

[13] 张军. 新刑事诉讼法法官培训教材［M］. 北京：法律出版社，2012：162－166.

[14] 陈光中.《中华人民共和国刑事诉讼法》修改条文释义与点评 [M]. 北京：人民法院出版社，2012：15-16.

[15] 宋英辉. 刑事诉讼原理导读 [M]. 北京：法律出版社，2003：104.

[16] 爱伦·豪切斯泰勒·丝黛丽，南希·弗兰克. 美国刑事法院诉讼程序 [M]. 陈卫东，徐美君，译. 北京：中国人民大学出版社，2002：72.

[17] 田口守一. 刑事诉讼法 [M]. 刘迪、张凌、穆津，译. 北京：法律出版社，2000：223.

二、期刊论文：

[1] 宋远升. 刑事错案比较研究 [J]. 犯罪研究，2008 (1)：24.

[2] 张保生. 刑事错案及其纠错制度的证据分析 [J]. 中国法学，2013 (1)：10.

[3] 王乐龙. 冤假错案与刑事错案之辨析 [J]. 行政与法，2009 (2)：125.

[4] 樊崇义. 客观真实管见 [J]. 中国法学，2000 (1)：32.

[5] 李奋飞. 对客观真实观的几点批判 [J]. 政法论坛，2006 (3)：38.

[6] 张卫平. 绝对职权主义模式的理性认识 [J]. 现代法学，1996 (4)：64.

[7] 张松美. 析民事再审程序中的"错案"标准 [J]. 河北法学，2001 (1)：116.

[8] 张远南. 刑事错案辨析 [J]. 海南人大，2006 (3)：34.

[9] 王乐龙. 刑事错案概念再分析 [J]. 法治论丛，2009 (24)：27.

[10] 刘志远. 刑事错案与刑事赔偿 [J]. 人民检察，2006 (18)：20.

[11] 金汉标. "错案"的界定 [J]. 法学，1997 (9)：56.

[12] 李春刚. 刑事错案基本问题研究 [D]. 吉林大学刑法学博士学位论文，2010：47.

[13] 杨文杰，李昊. 论错案行为及其监督 [J]. 宝鸡文理学院学报（社会科学版），1999 (2)：55.

[14] 于伟. 错案标准的界定 [J]. 法学，1997 (9)：52.

[15] 余光升，邱振华. 刑事错案的认定与责任追究 [J]. 法制与经济，2009 (225)：42.

[16] 周永坤. 错案追究制与法制国家建设 [J]. 法学，1997，(9)：9.

[17] 于伟. 错案标准的界定 [J]. 法学，1997，(9)：52.

[18] 何家弘. 错案为何能复制 [N]. 人民法院报，2013-04-26.

[19] 刘品新. 刑事错案成因考量 [N]. 人民法院报, 2010-07-25.

[20] 陈兴良. 错案何以形成 [J]. 法学, 1997 (9): 52.

[21] 王莹, 夏红. 对刑事错案形成原因的分析 [N]. 辽宁警专学报, 2008 (5): 8.

[22] 王健, 马竞. 冤狱是怎样铸成的 [N]. 法制日报, 2005-01-24.

[23] 张建伟. 刑讯者的心理透视 [J]. 人民检察, 2006 (3): 49.

[24] 何家弘, 何然. 刑事错案中的证据问题——实证研究与经济分析 [J]. 政法论坛, 2008 (4): 3-19.

[25] 陈兴良. 错案何以形成 [N]. 浙江公女高等专科学校学报, 2005 (5): 13.

[26] 陈卫东. 强化证据意识是避免错案的关键 [J]. 法学, 2005 (5): 84.

[27] 李春刚. 刑事错案基本问题研究 [D]. 吉林大学刑法学博士学位论文, 2010: 62-65.

[28] 陈光中. 从单纯惩罚犯罪到保护人权 [N]. 新京报, 2011-08-25.

[29] 王松苗. 法治给力语境下的法律谦抑 [N]. 检察日报, 2012-05-31.

[30] 樊崇义, 张中. 排除合理怀疑: 刑事证明的新标准 [N]. 检察日报, 2012-05-16.

[31] 胡云腾. 构建我国量刑程序的几个争议问题 [N]. 法制日报, 2009-06-18.

后记

2013年12月至2016年4月，我在中国社会科学院法学研究所攻读博士后，有幸师从于全国著名的刑诉法专家冀祥德教授。冀祥德教授渊博的专业知识、严谨的治学态度，精益求精的工作作风，诲人不倦的高尚师德，严于律己、宽以待人的崇高风范，对我影响深远，亦必将使我终生受益。

本书是在我的出站报告的基础上修改完善而成的。该出站报告从选题到完成，每一步都是在冀祥德导师的悉心指导下完成的，倾注了导师大量的心血。在此，谨向冀祥德教授表示崇高的敬意和衷心的感谢！

在写作过程中，冀教授明确指出，如若以一些真实刑事错案为基础进行实证研究，远比空洞的理论更有说服力，更有价值。在我收集到30起刑事错案时，冀老师说，若能收集到50起刑事错案会更好。中期考核前我成功地收集到了50起刑事错案，中期考核时，指导小组的专家刘仁文教授、熊秋红教授、屈学武教授、张绍彦教授等法学专家给予很多有益指导，中期考核之后，我对刑事错案的收集投入了更大的精力。收集案例的过程十分艰辛，每一个案例都需要核对多项信息，从第一起刑事错案开始收集，到30起，50起，80起，97起，107起；最后，定格在107起刑事错案的表格，其中的相关信息制成了27列、100多行的超大表格，稍有不慎，就有可能把欲填的内容输入错误的格子中，或者遗漏重要信息，故需一边输入，一边对齐，一边检查。这其中的工作量之大，非亲身经历是很难体会的。有时费尽千辛万苦终于完成了表格和统计，忽然又突发奇想，是不是换一种排序列表会更加完美，于是又推倒重来，这样的突发奇想记不清多少次了。107 起刑事错案表格和统计数据终于完成了，但如今并没有定格这一数字，为了出版的需要，我又将 107 起缩减到了 81 起；同时，其他列项也相应减少。

在完成书稿的过程中得到了很多人的支持和帮助，在这里表示衷心的感谢！特别感谢最高人民法院专职委员胡云腾教授给我提出了进一步修改和完善的宝贵意见！感谢重庆市江北区检察院的王登辉博士，他参与了部分表格的填写工作，对他所付出的辛苦表示衷心的感谢！感谢最高人民法院司改办的罗灿博士给我的指导和帮助！感谢最高人民法院法研所的陈敏研究员给予的指导和帮助！感谢北京大学的张强博士给我提出了宝贵的意见和建议。感谢唐莉莉在制作图表时给予的技术支持。

特别感谢北京师范大学刑事法律科学研究院院长赵秉志教授给予的支持、鼓励和帮助！

在这里，我还要感谢一位同仁。这本书的出版，从出版合同的签订，到书稿的规范完善，体现了她果敢的性格、敬业勤勉的精神、雷厉风行的魄力，还有那高贵的品格。她的行为无声地传递着一种正能量，深深地感染了我。她就是知识产权出版社总编助理兼项目中心主任汤腊冬女士。她在百忙中亲自为我提出建议、修改书稿等，做了很多卓有成效的工作。在此向汤腊冬女士为拙作出版所付出的辛劳表示崇高敬意和衷心感谢！

本书责任编辑崔开丽、李陵书的尽责和高效同样令我感动，在此一并表示由衷的感谢！

唐亚南

2016 年春于北京